U0570831

【青少年探索·发现之旅丛书】

探索人类神秘现象

膳書堂文化 编著

中国地图出版社
中华地图学社

图书在版编目(CIP)数据

探索人类神秘现象 / 膳书堂文化编著. — 上海:
中华地图学社, 2013.6 (2020.8重印)

(青少年探索·发现之旅丛书)
ISBN 978-7-80031-750-7

Ⅰ.①探… Ⅱ.①膳… Ⅲ.①科学知识－普及读物
Ⅳ.①Z228

中国版本图书馆CIP数据核字(2013)第100665号

策划制作：膳书堂文化
责任编辑：张保林
封面设计：红十月设计室

青少年探索·发现之旅丛书
探索人类神秘现象

出版发行：中国地图出版社		**经　销**：新华书店	
中华地图学社			
社　　址：上海市武宁路419号A座6楼		**印　张**：10	
邮政编码：200063		**版　次**：2013年6月第1版	
网　　址：www.diyiditu.com		**印　次**：2020年8月北京第7次印刷	
成品规格：170mm×230mm		**定　价**：29.80元	
印刷装订：北京一鑫印务有限责任公司			

书　号：ISBN 978-7-80031-750-7
如发现印装质量问题，请与承印厂联系调换。

P前言
reface

生命是大自然的奇迹，我们人类更是如此。在自然界的动物中，灵长类动物是哺乳纲的一目，是动物界最高等的类群，而人类又属灵长目中最高级的动物。自有文字记载以来的人类文明史，已有1万多年，有科学家认为，纵观人类成长史，现今的人类已经发展进化到了近乎完美的程度，人类已经依靠其无穷的智慧，在不断地改造着世界。然而，这个世界总是存在太多的未解之谜，仅仅人类自身就存在很多待解的谜团。

人类从何处来？如果真如进化论所讲古代类人猿是人类的祖先，那是何种原因导致了早期人类优于其他分支而得以进化呢？又是何种原因使得人类分化为今天的四色人种呢？现今的人类是否还处在进化过程中？如果是的话，那将来我们会变成什么样子呢？

还有智慧的玛雅人，他们为何将高度发达的文明，在一夜之间遗弃？神秘的古人是如何测得1万年前地球的全貌的？20亿年前为何会出现比现今人类核技术还要先进的核反应堆？难道真的有史前高度文明？那这些文明又因何而消亡的？现今人类创造的文明，是不是也会如史前文明一样消亡？

抛开这些对过去和未来的探讨，单看我们身边的同类，也有着很多现今科学都无法解释的怪现象：会自行燃烧的人体、长反位置的内脏、拥有看穿人体的眼睛，还有的人会"放电""喷火"，拥有超强磁力，有的人还上演了现实版的"返老还童"……

生命谜团，文明密码，在这片绚丽的文明大地上，不断考验着人类的智慧，等待着人类去揭开谜底。

目录
Contents

目录
Contents

125　第七章　伟大的古建谜团

第一章

人类诞生之谜

　　人类是从哪里来的？这几乎是一个恒久的问题。进化论学说认为古代类人猿是人类的祖先，如果人类真的是由古猿的一个分支进化来的，那么是何种原因导致了早期人类优于其他分支而得以进化呢？为何人类会出现今天的4色人种？人类最初的家园又在哪里？

人类祖先探源

按照达尔文的进化论所讲，人类在漫漫的历史长河中，是一步步由活蹦乱跳的类人猿逐渐转变、演化而来的。随着科学技术的日益进步，有的人类学家则独辟蹊径，提出了自己的新观点。相信在现代文明飞速发展的时代，人类始祖之谜将有更新的突破。

谈到人类始祖，我们一般会毫无疑问地说人类的始祖就是类人猿。因为早在100多年前达尔文就用进化论来这样解释。达尔文的进化论认为：人是由猿演化而来的，甚至人的形体都是渐进的演化过程。然而，美国科学家在南极洲发现了两亿年前的人形化石，经鉴定是一种食肉恐龙。更为蹊跷的是，在扎伊尔的原始森林中，发现了一个奇特的人种部落，他们的脊椎骨突出体外达十几厘米，类似于恐龙化石，被称作"恐龙人"。在今天，进化论受到的挑战远远超过进化论自身的依据。考古探测为什么一直没能发现从猿到人中间类型的化石？并且，从猿人到新人中间有几万年的化石空白。如果人与大猿、黑猿4000万年前为同类，那么"剩下"的那些大猿、黑猿为何至今毫无进化？既然人是由猿的一个分支"偶然"进化而来，为什么世界上有今天的四大人种？

出于对进化论的怀疑和否定，近年来有人提出人类源于外星人与源于

☆ 人类"近亲"——猿

海洋生物的假说。这些假说都游离于最经典的人类起源学说之外。围绕人类起源的学术纷争并非今日，回顾其历史，有利于我们找到问题的焦点。

达尔文假说

19世纪，在英国诞生了一位伟大的生物学家，他的名字叫达尔文。1831年，他以植物学家的身份参加了海军"贝格尔"号战舰的环球旅行，在南美地区航行5年，对热带与亚热带的动植物进行了广泛的考察。1836年他回国以后，开始从事科学实验和著述。他根据对生物界大量的直接观察和实验，认为物种的形成及其适应性和多样性的主要原因，在于自然选择，生物为适应自然环境和彼此竞争而不断地发生变异。适于生存的变异，通过遗传而逐代加强，反之则被淘汰。归纳起来就是：物竞天择，适者生存，优胜劣汰。达尔文的这套学说奠定了进化生物学的基础。他还将进化论用于人类，阐明了人类在动物界的位置及其由动物进化而来的根据，得出了人类起源于古猿的结论。

达尔文在《物种起源》中提出人类起源于古猿的理论，经过一番激烈的学术和宗教的大动荡、大争论之后，渐渐被科学界普遍接受。在以后的年月里，古生物学家通过对古生物化石的研究，在达尔文学说的基础上形成了现代的人类起源说。他们认为，人类是古猿经过数百万年的漫长时间的交替变化逐渐进化而来的。这一理论从其他学科，比如胚胎学、比较解剖学、现代生物学及生物化学等中寻找到了证据。根据这些证据，人们推测地球生物进化的总模式是：无脊椎动物——脊椎动物——哺乳动物——灵长动物——猿猴类动物——人类。

目前，科学界大多数观点认为人类是古猿中的一个分支。古猿早在3000多万年前就已在地球上出现，体型较现代猿类小。考古学上通常

☆ 关于人类祖先的猜想与假说层出不穷，究竟谁才是人类的真正祖先呢？

☆ 原始的石器

讲的"腊玛古猿"大约生活在1400万～1000万年前，身高仅1米多点，体重在15～20千克左右。所谓"南方古猿"大约生活在距今约500万～100万年前。我们人类就是由南方古猿中的一支演化而来的。大约在300万～200万年前，南方古猿中的一支脱离了古猿类，朝着人类的方向演化。根据化石发现，现在一般将人类脱离古猿后的发展历史分为三个阶段。

1.猿人阶段，大约开始于距今200万～300万年前。这时猿人已会制作一些粗糙的石器，脑量大约在630毫升～700毫升，会狩猎。晚期猿人化石发现较这时猿人已经很接近于现代人类。打制的石器也比较多样化。有用于狩猎和劈裂兽骨的砍砸器，用来剥剥兽皮和切割兽肉的刮削器和砍砸器。最具有进步意义的是早已会用火并长期保存火种。猿人阶段一般认为到大约30万年前结束。

2.古人阶段，或称早期智人阶段。我国已发现的马坝人(广东)、长阳人(湖北)、丁村人(山西)也都是这一时期发掘的化石代表。古人的特征是脑量进一步增大，已接近现代人的水平。脑结构也要比猿人复杂。其打制的石器较猿人规整，有石球和各种尖状的石器，能人工生火，开始有埋葬的习俗，并且不知是为了遮羞还是为了保温，已开始穿挂所谓的"衣服"，不再是赤身裸体。而且在世界的不同地方，古人的体质也开始了分化，出现明显差异。古人生活于大约20万～5万年前。

3.新人阶段，又称晚期智人阶段。大约开始于5万年前，新人化石在体态上与现代人几乎没有什么区别。其打制的石器相当精致，器型多样，各种石器在使用上已有分工，并已出现了骨器和角器。新人甚至已会制作装饰品，进行绘画、雕刻等艺术活动。

·相关链接·

达尔文：查尔斯·罗伯特·达尔文，英国生物学家，进化论的奠基人。曾乘贝格尔号舰作了历时5年的环球航行，对动植物和地质结构等进行了大量的观察和采集。出版了《物种起源》这一划时代的著作，提出了生物进化论学说，从而摧毁了各种唯心的神造论和物种不变论。除了生物学外，他的理论对人类学、心理学及哲学的发展都有不容忽视的影响。恩格斯将"进化论"列为19世纪自然科学的三大发现之一。

大约在1万年前，已出现了磨制石器。新人又称克鲁马努人，这是因为1868年，在法国西南部克鲁马努地区的一些山洞里发现了5具骨架。这些骨架和现代人已经很难区分，但比现代人高大。据分析，其生存年代大约在4万～3万年前，被认为是新人的化石代表。我国发现的柳江人（广西）和山顶洞人（北京）化石也属于这个时期的代表。此后，人类便进入了现代人的发展阶段。

这就是我们长期以来所接受的人类起源的教育，人们对此从来不曾有过怀疑，坚信达尔文与恩格斯传给我们的"唯物史观"，然而，他们构思的这套进化体系是否就是毋庸置疑的绝对真理呢？

☆ 环境往往是影响生物演化的重要条件

☆ 丛林中的黑猩猩

🎔 人猿同祖？

人猿真的同祖吗？最近，在关于研究人们的祖先方面又有了新发现。法国巴黎大学植物学系教授拉坦博士在非洲扎伊尔的原始森林中发现了一个奇特的人种部落，他们的脊椎骨都突出体外，有的达几十厘米，与我们熟知的恐龙化石脊椎十分相似，被称为"恐龙人"。这些恐龙人的祖先又

是谁呢？恐怕不会是猿猴。

那么人猿同祖之说对此又做什么样的解释呢？

首先，现代发现的化石数量极少，考古学家往往根据几颗牙齿或一个、半个头盖骨化石作为依据，进行推论，证据明显不足。例如，1856年，在德国迪赛尔多夫城附近的尼安德特河谷的一个山洞中，人们发现了一块不完整的头骨和几根腿骨化石，从此尼安德特人成了早期智人的代名

词，后来又有少量发现，但证据仍不充分。再说，从新人(5万年前)到现代人之间。有将近4万年的化石空白，怎么能说证据充足呢？其次，在考古鉴定上也存在许多问题。目前，我们的考古测定通常用C¹⁴测定法，但C¹⁴本身很不稳定，年代越远差距也就越大，在人类化石测定方面的误差竟达几万年或几十万年。还有，关于人类起源的研究时间并不算长，在20世纪初叶的时候，一些学者认为人类出现在4000年以前，后来经过考古发掘，把这个年代逐渐前移，1万年，2.5万年，结果定为4万年，再往后美国的考古学家又提出了10万年说……而且在这其中也伴随着相当大的学术争议。

因此，不少人对这套进化模式持怀疑的态度。有人从进化的角度提出疑问：脊椎灵长类动物的四肢都着地，这样分散了脊椎的压力，这从生物学的角度来讲是合理的。而人却是直立行走的，直立人的脊椎所承受的压力过分集中，反而不如四肢行走的脊椎动物合理，为什么会发生这种进化呢？它是进化还是退化？按一般观念认为，人是在劳动过程中才逐渐手脚分离，最后演变为直立行走的。当自然环境的变化将古猿赶出丛林，古猿不得不用前肢去挖掘植物的根茎，从而使前肢进化为手臂。然而，我们发现蓝田人及山顶洞人，他们都生活在植物比较茂密的山区，而在

这种自然条件下，用四肢行动难道不比用后肢行动更为有利一些吗？怎么会发生手脚分离的演化呢？其次，用血浆蛋白分子差异程度的测定发现人与现在的大猿、黑猿最为接近，大约在4000万年以前，人与大猿、黑猿分离。但奇怪的是经过4000万年漫长的岁月，大猿和黑猿几乎没有什么明显的变化，它永远属于灵长类哺乳动物。照目前的进化程度看，它再过4000万年也不会进化成智人和现代人。为什么在地球上唯有人类的进化如此迅速呢？

人种问题也是进化论者不易破解

☆ 化石成为人们追溯过去历史的最佳线索与依据，也是探究人类祖先的现实依据

☆ 近年来，西方学者提出人类起源于外星的说法

探索
人类
神秘现象

tansuorenleishenmixianxiang

的谜案。现在世界上基本有白、黄、黑、棕色四大人种。如果进化论是正确的，那么这四种人应该是由四种猿分别进化而来。然而，地球上只有猿类的一个分支进化成了人，所以它不可能普遍适应灵长类的进化模式，这本身不是很矛盾的吗？既然至少有四种猿可以进化成人，那么为什么经过几百万年其他猿类依然是猿，丝毫没有进化成人的趋势呢？

人类的四种肤色又是怎么决定的呢？如果是偶然发生的变异，为什么会形成同一地区、同一肤色的人种呢？而且，这种变异又与自然生存有什么关系呢(达尔文认为，只是适于生存的变异才可能遗传)？如果人种肤色

是自然遗传而来，那么我们是否发现过具有这四种颜色的猿类呢？

9 人类起源的新假说

一波未平，一波又起。近些年，人们从不同的角度对人类的起源提出了新的假说。西方科学家马蒂斯根据在圣地亚哥发现的一个头盖骨化石的研究，又提出了人类起源于外星人的假说。他研究了这个头盖骨后认为，这具头盖骨所代表的人种，其智力要远远高出我们今天的人类，从而推测这是一个外星人的遗骨，进而提出人类祖先是外星人的假说。他认为，大约在5万年前，一批外星人来到地球，他们具有高度的智慧。当他们发现地球引力环境不适合他们居住时，他们选择地球上精力旺盛和智力较高的雌猿进行杂交，这便是我们人类的祖先。

然而，按杂交理论来说，杂交后代具有杂交优势，应该有集母体优点于一身的后代出现，就是说应该有如猿的灵巧以及同外星人一样的智慧的物种出现，而我们似乎还没有看到这样的物种，人类更不具备上述优点。如有杂交优势的后代存在的话，称霸地球的绝不是人类了。然而外星人这么做不是违背了他们的初衷吗？

还有一些科学家，根据人类体表特征与海洋生物十分接近的证据，提

出了人类起源于海洋生物的假说。

近一两年来还有人主张"大四季"说，他们根据太阳系不停地围绕银河系运动的事实，假设太阳系围绕银河系中心旋转与地球绕太阳旋转一样会出现四季变化，称为"大四季"。人类在四季交换之中，根据自然环境的变化，不断地改变生存的方式。比如，当夏季来临时，地球就变成了一颗纯水的星球，人类为适应这种变化，慢慢由陆生动物转变成水生动物，这就是人的体表具有海洋生物特征的原因；当夏季结束，秋季来临的时候，地球的水渐渐退去，人类又从海洋生物转变成陆地生物。

如此看来，无论哪一种关于人类起源的假说都有致命的弱点，也不能自圆其说。这样一来，人类起源之谜真正成了一个千古不破的谜团，若干年来，人们不断地问：我们人类究竟是从哪里来的呢？

实际上，在现代人提出人类进化

☆ 那些神秘的飞碟和人类起源有着怎样的联系

☆ 人类起源的真相，至今仍然是一个不解之谜

论之前，我们的古人早已对这个问题开始了探讨，在6000多年以前，文字还没有出现的时候，我们的祖先就提出了神造万物的假说。然而，这种假说的提出是在当时人们思想比较蒙昧的情况下提出的，他们当时没有更好的办法来解释这个问题，只好凭空臆造出一种概念来说明。

以上这么多假说，看似纷纷扬扬，结果几乎都未脱离进化论的窠臼。不论杂交说、恐龙人、海洋生成说、大四季说及合成说似乎都遵循着进化论的轨迹，但是，究竟哪种假说更科学，更切合实际，还很难作出论断。揭开人类始祖之谜还需要更多的时日去研究、考证。相信随着科学技术的不断完善，人类始祖之谜终将解开。

·知识外延·

山顶洞人：山顶洞人文化遗址是1930年发现的，1933年和1934年进行了发掘，已挖完。山顶洞文化的底层直接堆积在"北京人"遗址的第一层上。山顶洞洞口向北，发掘时被拆除，所见向北的口是人工开凿的。山顶洞遗址由四部分组成：洞口、人室、下室和下窖，前三部分都发现有人类化石和文化遗物，下窖只发现完整的动物化石。山顶洞人掌握了钻孔磨光技术，学会用骨针缝制衣服，懂得爱美，生产活动有采集、渔猎，人死后还懂得埋葬，山顶洞人的群居生活是由血缘关系结合起来的氏族关系。

人类年龄之谜

自人类诞生起，人类便在地球上繁衍，生生不息。由此，相关问题也接踵而至。人类到今天究竟高寿几何？这是我们不禁要问的问题。人类学家对人类祖先的研究将告诉我们相应的答案。

自从达尔文创立生物进化论之后，多数人相信人类是生物进化的产物。从地球上的第一个人诞生到现在，人类已经经历了很长的历史，历尽沧桑，才进化为现代人。现代人和现代猿有着共同的祖先，但人类这一支系是在什么时候、在什么地方从共同祖先这一总干上分离开来的？原始人类又是在什么时候转化为真正的人类的？

按照《圣经》里的说法，人类、地球、宇宙，其实相差只有几天而已，因为《圣经》说上帝用6天造世界和人。亚当到亚伯拉罕是2000年左右，亚伯拉罕到基督是2000年左右，基督到现在也差不多2000年左右。照这么说人类历史或者说宇宙历史只有6000年左右。然而，《圣经》里所述的均属于神话，没有科学依据，不足为信。

中国史学家们根据"北京猿人"的考古认为人类已有50万岁了。国外史学家们根据"爪洼猿人"化石及坦桑尼亚"东非人"的化石资料推断，人类的诞生已有300万年到500万年的历史了。那么，人类到底有多少岁呢？

近几十年来，考古学家在非洲大陆发现了许多猿人化石，使我们对于人类历史有了新的认识。1959年，在坦桑尼亚发现了一个几乎完整的猿人头骨化石和一些劳动工具，测定年代为距今175万年。1972年，在肯尼亚

☆ 宇宙中美丽的地球

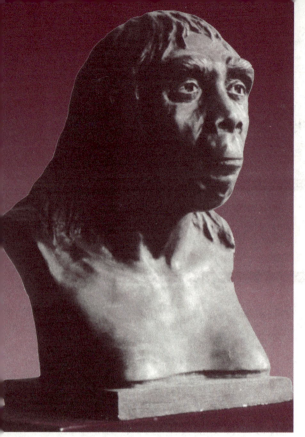

☆ 北京猿人像

图尔卡那湖西南的卡那，发现一块肱骨化石，测定年代为400万年之前。此化石与现代人肱骨相似。以"功能鉴别法"分析，其功能与人类相似。

1932年到1976年，国际科考队在埃塞俄比亚得奥莫盆地发现70多个地点都有人类化石，年代最古老的也在400万年前。

1984年，肯尼亚与美国科学家们在肯尼亚发现了500万年前的古人类颚骨化石。参加发掘的古人类专家D·皮尔比姆说，以往的发掘表明，东非一带在三四百万年前就有了人类，这次出土的化石又把人类的年龄推进了100万年。

·相关链接·

坦桑尼亚：坦桑尼亚位于非洲东部、赤道以南。北与肯尼亚和乌干达交界，南与赞比亚、马拉维、莫桑比克接壤，西与卢旺达、布隆迪和刚果（金）为邻，东濒印度洋。大陆海岸线长840千米。东部沿海地区和内陆部分低地属热带草原气候，西部内陆高原属热带山地气候。大部分地区平均气温21℃－25℃。坦桑尼亚的20多个岛屿属热带海洋性气候，终年湿热，年平均气温26℃。

尽管这些遗骨没有石器伴存，有的还存有争议，但总的来看，通过

发现的猿人头骨、腿骨化石和石器，测定年代为距今260万年。从1973年开始，在埃塞俄比亚的哈达一带290万～330万年的地层里，陆续出土了大批人类化石，学者们认为，其中一部分可以作为人类的祖先；出土的另一部分"露西少女"，其生存的年代也在350万年前左右。

1974年，在据奥杜威峡谷40多千米的莱托里尔，出土了13块属于人的系统或人科的化石。其中一块下颚骨被定为人属，经检测为距今335万～375万年。

1965年，布·帕特森在肯尼亚的

"化石形态"与"功能鉴别法"已经确定其归"人属"。如果按"先木器论"的观点来看，它们就是通过木器制造而转变成人的。因此人类的年龄已经不是二三百万年，甚至可能是四五百万年。

综上所述，人类的年龄可能有50万年、100万年、200万年、300万年、400万年、500万年等，但是这些论断没有一种可以作为定论。就目前情况来看，"300万年"之说属于多数，但世界上发现的最古老的打制石器也不过只有两百五六十万年。尽管"先木器论"与"先木器时代论"的说法还有争论，但是，地球上拥有的广大新生代地层、温暖和寒冷交替变化的气候记录，以及在这些地层中已发现的大量的灵长类化石，特别是多种古猿的化石，这些都为研究人类的诞生时间提供了丰富的资料。相信随着考古学与人类学的不断丰富，人类年龄的说法还会增多，这还需要学者们进一步研究，以提出科学论点。

· 知识外延 ·

制造打制石器的锤击法：把选择好的一块石料放在地上，然后手握一块石头作为石锤去锤击石料。在锤击时要先在石料上选择一个打击的台面（即自然平面或只需稍加打击的平面），然后再选择靠近台面边缘的一个点用力锤击，从石料边缘上敲剥下石片。用这种方法打制的石片，石片面较小，石片劈裂面上的半锥体、锥疤、裂纹等痕迹比较清晰。这是打制石器中比较常见的一种方法。

☆ 古岩壁上的原始符号与图形

人类原始诞生地

人类从襁褓里走出了第一步，即人类开始向进化的方向前进。那么，养育人类的摇篮又在哪里呢？随着对人类祖先的深入研究，人类的摇篮也随着人类化石的不断出土，而摇摆于世界各洲，究竟花落谁家呢？

从人类诞生之日起到现在，人类在地球这块赖以生存的大地上繁衍生息、不断发展和进步，然而，人们对自己祖先的诞生地提出了许多疑问。那么，人类的祖先到底是在哪里诞生的，哪里又是他们的栖息地呢？非洲是人类的摇篮这一推论首先是由达尔文提出来的。他在1871年出版的《人类起源与性的选择》一书中作了

☆ 达尔文认为非洲是人类的诞生地

大胆的推测。另一位进化论者海格尔则在1863年发表的《自然创造史》一书中主张人类起源于南亚，还绘图表示现今各人种由南亚中心向外迁移的途径。此外，还有中亚说、北亚说以及欧洲说。人类的摇篮随着人类化石的不断出土，而摇摆于各洲之间。

1871年，达尔文根据与人类亲缘关系最近的大猩猩和黑猩猩如今都生存在非洲这个事实，提出人类的诞生

地最可能在非洲。但当时许多人存在偏见，认为像人类这样高贵的生物不可能起源于有黑色人种的非洲大陆。

19世纪后期，德国学者海格尔提出人类起源于亚洲。他认为亚洲的长臂猿和黑猩猩与非洲的猿类相比，更接近于人类。这一说法的根据是1891年海格尔在印度尼西亚发现了爪哇直立人化石。但这一发现在很长时间内不被承认。从1927年起，在我国北京的周口店，先后发现了北京直立人的牙齿和头盖骨等化石，这被作为人类起源于亚洲的证据。

欧洲，特别是西欧，也曾一度被认为是人类的发祥地。从1823年到1925年就有116个个体，其中包括猿人阶段的海德堡人被发现。而新石器时代的人骨发现得更多，有236起。因此，人们打开地图一看，欧洲布满了古人类的遗址。而当时除了爪哇猿人外，在亚洲其他的地区和非洲还没有找到过古人类遗址。还有，最早发现的古猿化石也出土于欧洲，即1856年在法国发现的林猿化石。加上20世纪20年代"辟尔当人"的骗局喧嚣一时（辟尔当人被有些学者看做是最早的人，甚至称他为"曙人"。最后被揭露，所谓"曙人"，原来是将一个新石器时代的人头骨和一个现代猿类的下颌骨凑合起来的假品），所以当时许多人认为人类起源的中心是在西

欧。但随着亚非两地更多人类化石的发现，人类摇篮欧洲说逐渐退出了历史舞台。

从1924年南非发现汤恩幼儿化石以来，在南非、东非等许多地区，人类学家发现了大量的南方古猿化石。这些化石的形态更原始，年代也较久远，因此又提出了非洲起源的论点。由于非洲的早期人类化石主要发现于东非，学者们围绕古代东非的环境如何有利于人类的诞生，提出了许多假说。例如，在20世纪60年代，有人就提出了人、猿在非洲的分歧是由于东非大裂谷形成的假说。没有任何一片陆地的自然环境可以完全保持稳定不

☆ 非洲大地

☆ 古老的石刻

变，而在从坦桑尼亚一直延伸到埃塞俄比亚的东非大裂谷地区，自然环境的不稳定性更为明显。这种不稳定性的影响极为显著，它意味着生活在这里的任何物种要么去顽强地适应环境的变化，要么在环境变化时被无情地淘汰。在非洲大陆，恰恰有这样一个自然环境变化无常的地区，在这里，环境的变化完全有可能促使生活在此的古猿做出伊莱恩所设想的那种迁移。地质学家研究发现，在大约700万年以前，当时还被森林所覆盖的埃塞俄比亚北部阿法尔地区(在非洲大裂谷的北端)发生了地壳下陷，从而形成了一个内海。这个内海的北端连通红海，南端连通亚丁湾，它把一块陆地从大陆分割开来，变成了一个岛屿。后来，由于地壳运动，阿法尔海的两个出口都被阻塞，它变成了一个内陆咸水湖。在以后的几百万年时间里，那个咸水湖逐渐干涸，最后成为一片盐碱地，这就是我们今天所看到的达纳基勒沙漠。

探索
人类
神秘现象
tansuorenleishenmixianxiang

今天，这片广阔的盐碱地带的东西为达纳基勒高地，这就是当年被阿法尔海从大陆隔离出去的那个长满森林的岛屿。地质学家伊莱恩·摩根作出了这样一个推测，他认为：在阿法尔海形成的时候，一群猿猴被隔离到了现在是达纳基勒高地的那个岛屿上，并在这种独特的环境下开始了向人类的进化。正因为这里与世隔绝，所以当那场瘟疫在非洲大陆的灵长目动物中肆虐时，它们才幸免于难，这就是为什么它们没有产生那种标志基因的原因，也是它们的后代——人类——不具有这种基因的原因。

人类祖先到底是在哪里诞生的？他们最初的栖息地到底在哪里？随着更多猿人化石的不断发现与发掘，相信这个谜底将会逐步揭开。

·知识外延·

新石器时代：新石器时代在考古学上是石器时代的最后一个阶段，以使用磨制石器为标志的人类物质文化发展阶段。这一名称是英国考古学家卢伯克于1865年首先提出的，这个时代在地质年代上已进入全新世，继旧石器时代之后，或经过中石器时代的过渡而发展起来，属于石器时代的后期，年代大约从1.8万年前开始，结束时间从距今5000多年至2000多年不等。

各种不同的语言

会说话是人类的本能，然而经过后天学习会讲多种不同的语言，证明人类简直是天才。连人类自己也对此种后天行为颇感惊奇。人类具有这种功能的原因是偶然的，还是出于其他原因？这个问题的答案将揭示人类能够得心应手地应用不同语言进行交流的奥秘。

在《圣经》中有这样一段描述：人类原来都是用一种语言来进行交流沟通的，直到有一天，诺亚的后人要建造一座巴比伦通天塔，然而上天的主宰神——耶和华得知这个消息后，害怕人类团结起来的无比巨大的力量动摇到他的神位，于是就想了个既不伤害人类，又能达到阻止人类继续修建通天塔的办法。于是他就手一挥，使用魔法打乱了人们的语言，这

☆ 为什么会存在不同的语言这个疑问，就像人类诞生之谜一样悬而不解

☆ 语言丰富了人们的生活与工作，通过语言沟通，世界更加开阔

探索
人类
神秘现象

Tansuorenleishenmixianxiang

样人类就没法沟通了，通天塔的建造也不得不就此终止。从此，人类所讲的不同语言也就诞生了。

语言是人类思维和交际的重要工具。目前，全世界共使用5651种语言，为了更好地沟通，有的人会讲多种语言，更有的人竟然会讲多达上百种语言。那么人类为何会有这么多种语言呢？

为了解释这个谜，科学家们专门对此进行了研究。他们认为，专门的汉语、英语基因并不存在——不管在哪种语言环境里长大，小孩都能学会说话。但语言差异确实与基因差异有关，一项新研究发现，音调语言与非音调语言的发展过程，可能受到了基因影响。汉语等音调语言有个特殊之处，就是词语含义与音调直接相关，以非音调语言如英语为母语的人学习汉语非常费力，其原因之一就在于此。音调语言在东南亚和撒哈拉以南非洲很普遍，但在亚洲其他地区、欧洲和澳大利亚很罕见。

·相关链接·

基因：基因（遗传因子）是遗传的物质基础，是DNA或RNA分子上具有遗传信息的特定核苷酸序列。基因通过复制把遗传信息传递给下一代，使后代出现与亲代相似的性状。人类大约有几万个基因，储存着生命孕育、生长、凋亡过程的全部信息，通过复制、表达、修复，完成生命繁衍、细胞分裂和蛋白质合成等重要生理过程。生物体的生、长、病、老、死等一切生命现象都与基因有关。它也是决定人体健康的内在因素。

英国爱丁堡大学的一个语言学研究小组试图寻找音调区分能力与基因的关系。他们收集了世界各地49个人群的基因数据，比较了983个基因变异与26种语言特征的关系。经过精心设计的研究实验对比后，研究小组得出了结论：多数情况下，基因变异与语言特征几乎没有关系，但有两个基因与语言的音调特征表现出明显的相关性，拥有这两个基因的特定版本的人群更倾向于说非音调语言。研究人员认为，这两个基因的变异可能导致脑部某些部位的结构发生了变化，从而影响了人区别音调的能力。在较多人拥有这些基因变异的群体里，更容易发展出非音调语言。

此外还有一些联想很丰富的人提出：我们在用电脑输入不同语言的文字时需要切换输入法，那么作为熟练掌握多种语言的人用不同语言说话时，大脑也需要在几种语言间切换。日本、英国和德国研究人员称，他们的新研究结果显示，事实确实如此，大脑中的左尾状核承担着语言切换"开关"的作用。

研究人员们让35名熟练掌握德、

英双语或日、英双语的志愿者注视电视屏幕上以0.25秒为间隔显示的两个不同语言的单词，并用核磁共振成像仪等观察志愿者看到两个单词后大脑活动的变化。

研究结果发现，与志愿者看到同一语言但意思相近的两个单词相比，志愿者看到不同语言但意思相同的两个单词时，其大脑中的左尾状核区域变得更加活跃。志愿者看到同一语言但意思无关的两个单词时，左尾状核活跃程度相对也较高。

研究人员认为，从实验结果我们

☆ 每种语言都有其自己的故事，语言本身也是一种文化的诉说

☆ 语言让交流更加容易，而不同的语言，某些时候却成为沟通的障碍

探索

人类

神秘现象

tausuorenleishenmixianxiang

可以很清楚地看出，左尾状核不仅要判断语言的种类，还起着从一种语言切换到另一种语言的"开关"作用。此前发现有一名大脑左尾状核受损的女患者，她的病情在2000年公开，这名患者原来能说三种语言，但有意思的是，在她左尾状核受伤后，糟糕的事情发生了，她无法和以前一样持续说同一种语言，经常在说话期间无意识地在三种语言间切换。这为左尾状核的语言切换"开关"作用提供了证明。

人类简直就是天才，一个人可以学会说多种语言，然而，是否正如专家们研究得出的结论所说，人类具有这种功能的原因，是左尾状核在大脑切换语言的时候起到了关键作用呢？

一些专家在评论这项新研究成果时认为，我们还需要继续进行句子等水平更复杂的实验才能进一步证明这一点。相信，不久，人类会讲多种语言的谜团终究会解开。

· 知识外延 ·

核磁共振成像仪：核磁共振(MRI)又叫核磁共振成像技术。核磁共振成像仪就是因这项技术而产生的仪器。它是继CT后医学影像学的又一重大进步。自20世纪80年代应用以来，它以极快的速度得到发展。核磁共振是一种物理现象，作为一种分析手段广泛应用于物理、化学、生物等领域，为了避免与核医学中放射成像混淆，把它称为核磁共振成像术(MRI)。

神秘的"时空隧道"

人莫名其妙地失踪，又突如其来地重现，这种现象的出现绝非偶然。时空隧道与人类世界之间具有方向性和可逆性，失踪重现谜案是否与"时空隧道"有关？这也正是当前欧美科学界热衷探索的超自然现象。

提起"时空隧道"，就感觉它神秘莫测，人真的可以穿越时空隧道进入另外一个世界吗？如果有时空隧道的话，那么我们就可以随便穿梭在不同的世纪、不同的年代了。

古时，有一句得道成仙之语："洞中方一日，世上已千年。"这句话看似无稽之谈，不会实现，但在现实生活中，这正是当前欧美科学界热衷探索的超自然现象，称之为"时空隧道"。

令人们震惊的神秘现象一再出现：1990年9月9日，在南美洲委内瑞拉的卡拉加机场的控制塔上，人们突然发现一架早已被淘汰了的"道格拉斯"型客机飞落机场，而机场的雷达根本找不到这架飞机。机场人员说："这里是委内瑞拉，你们是从哪里而来？"飞行员听后惊叫道："天啊！我们是泛美航空公司914号班机，是由纽约飞往佛罗里达州的，怎么会飞到你

们这里，误差2000多千米？"接着他马上拿出飞行日记给机场人员看：该机是1955年7月2日起飞的。然而，飞机从起飞到落地已经时隔35年！机场人员吃惊地说："这不可能，你们在编故事吧！"后经电传查证：914号班机确实在1955年7月2日从纽约起飞，飞往佛罗里达，突然途中失踪，一直找不到，机上的50多名乘客全部都得到了赔偿死亡的保险金。

当这些人回到美国的家中，真令他们的家人大吃一惊。孩子们和亲人都大了、老了，而他们却仍和当年一样年轻。美国警方和科学家们专门检查了这些乘客的身份证和身体，认为这不是闹剧，而是千真万确的事实。隔了1年左右，这样的事情在1991年8月9日再次发生。当时欧洲一个海洋科学考察船在冰岛西南387千米处，发现一座冰山上坐着一位看似60多岁的男子，他穿着20世纪初的船长制服，静

☆ 如果真的存在时空隧道，返老还童或许将成为现实

探索
人类
神秘现象

tansuorenleishenmixianxiang

方面证据证实，表明救起的这位老人确确实实是史密斯船长，他现在有140多岁了。据海洋学家艾德兰博士说，在营救史密斯船长时，他拒绝援救，并称应与"泰坦尼克"号共存亡，他认为这是一位船长应该做的。确实，在"泰坦尼克"号沉没时，史密斯船长在指挥营救，他拒绝登上救生船并和"泰坦尼克"号一起沉没在大西洋之中。史密斯船长一直认为"泰坦尼克"号沉没是发生在昨天。此事如何解释呢?欧美的有关海事机构认为，史密斯船长是属于"穿越时光再现"的失踪人。

静地吸着烟斗，双目眺望着大海。看上去整身打扮与当时格格不入，让人难以置信的是，他竟然说他就是80年前沉没在大西洋中的"泰坦尼克"号船长史密斯！这位声称自己是史密斯船长的老人被救上这艘科学考察船，立即被送往奥斯陆。在医院里，经著名的精神病心理学家喻兰特博士认真检查后，认为他的生理和心理一切正常。科学考察船的负责人、著名海洋学家艾德兰博士和病理学家哈兰特博士在1991年8月18日举行新闻发布会，向欧洲新闻界宣布：经英国海事机构的指纹和照片验证以及航海记录等多

·相关链接·

委内瑞拉：委内瑞拉玻利瓦尔共和国是位于南美洲北部的国家，为南美洲国家联盟的成员国，首都加拉加斯。北临加勒比海，西与哥伦比亚相邻，南与巴西交界，东与圭亚那接壤。面积91.67万平方千米。海岸线长2813千米。原为印第安人居住地。1498年哥伦布航行美洲时到此。1567年沦为西班牙殖民地。1811年7月5日独立。1830年建立共和国。1974年6月28日同中国建交。委内瑞拉为石油输出国组织成员之一，世界主要的产油国之一。石油产业是其经济命脉，该项所得约占委内瑞拉出口收入的80%。

美国物理学家斯内法克教授认为，在空间存在着许多一般人用眼睛看不到、然而却客观存在的"时空隧道"，历史上神秘失踪的人、船、飞机等，实际上是进入了这个神秘的"时空隧道"。有的学者认为，"时空隧道"可能与宇宙中的"黑洞"有关。"黑洞"是人的眼睛看不到的吸引力世界，然而却是客观存在的一种"时空隧道"。人一旦被吸入"黑洞"中，就什么知觉也没有了。当他回到光明世界时只能回想起被吸入以前的事，而进入"黑洞"后无论遨游多长时间，他都一概不知。有些学者反对这种假设，认为这种假设存在很大的漏洞。物体一旦被吸入"黑洞"是很难逃逸的，而进入"时空隧道"中的人是可以从中挣脱出来的。此外，"泰坦尼克"号游轮和乘客同时沉没、消失，乘客们进入"时空隧道"，为什么游轮没有进入？如果游轮也同时进入，它应该和船长史密斯同时再出现。美国著名科学家约翰·布凯里教授经过研究分析，对"时空隧道"提出了以下几点理论假说：① "时空隧道"是客观存在，是物质性的，

☆ 随着科技的迅速发展，相信时空隧道的秘密也会逐渐被破解

它看不见，摸不着，对于我们人类生活的物质世界，它既关闭，又不绝对关闭，是偶尔开放的。②"时空隧道"和人类世界不是一个时间体系，另一套时间体系，有可能回到遥远的过去，或进入未来，因为在"时空隧道"里，时间具有方向性和可逆性，它可以正转，也可倒转，还可以相对静止。③对于地球上的物质世界，进入"时空隧道"，意味着神秘失踪；而从"时空隧道"中出来，又意味着神秘再现。由于"时空隧道"里时光可以相对静止，故而失踪几十年就像一天或半天一样。

这一系列问题，正有待科学家们探索，来解开这个自然之谜。诸多失踪的人们又突然神奇出现，这绝非偶然。神秘莫测的"时空隧道"究竟是怎么一回事？我们目前也没有实质性的证据来证明上述的猜测中哪一种可以解释"时空隧道"存在的真正原因。但是，我们相信，有朝一日"时空隧道"之谜终将解开。

· 知识外延 ·

泰坦尼克号事件：泰坦尼克号是一艘奥林匹克级游轮，于1912年4月首次航行时撞上冰山后沉没。泰坦尼克号由位于爱尔兰岛贝尔法斯特的哈兰德与沃尔夫造船厂兴建，是当时最大的客运轮船。在她的首次航行中，泰坦尼克号从英国南安普敦出发，途经法国瑟堡-奥克特维尔以及爱尔兰昆士敦，计划中的目的地为美国纽约。1912年4月14日，船上时间夜里11点40分，泰坦尼克号撞上冰山；2小时40分钟后，即4月15日凌晨2点20分，船裂成两半后沉入大西洋。泰坦尼克号海难为和平时期死伤人数最惨重的海难之一，同时也是最广为人知的海上事故之一。

☆ 时空隧道存在与否还是一个谜，但可以肯定的是人类会坚定地去探索未知

探索
人类
神秘现象

tansuorenleishenmixianxiang

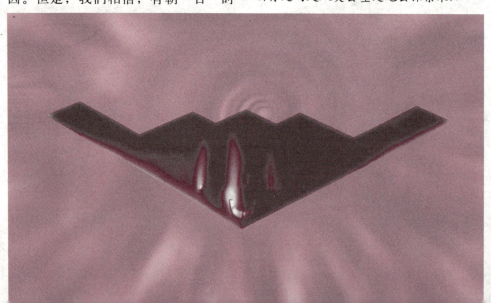

第二章

人类的未来去向

　　纵观人类历史，一部分科学家认为，我们现在的生命形式已经达到了进化发展的顶峰阶段。按照万物皆遵循的"发生——发展——消亡"的规律，人类是不是有朝一日也将走到尽头？世界万物是否将从头来过？

人类的终点

　　人类进化到现在的程度，可以说是已接近完美，但是人类的发展是否已到了进化发展的顶峰阶段呢？这是一个非常严谨的问题，值得我们去研究与探讨。

　　达尔文的进化论认为人类一直是从简单到复杂，由低级向高级发展的，那么，人类进化到现在已经到了尽头吗？将来的人类会是什么样的？会不会和我们现在有很大的区别？有相当一部分科学家认为，我们现在的生命形式已经达到了进化发展的顶峰阶段，进一步的大变化将不可能再发生了。

自然力量一直在起作用

　　有人认为，随着进化的继续，高科技产品的诞生，人类有了智能帮手，人类可以不必用脑思考，一切可由智能产品完成，致使人类的智慧水平逐渐下降，而神经系统则越来越发达；另一些人则持相反意见，认为人类是向更加优秀、更加完美的方向进化，将来人类会越来越聪明，体格则逐渐变弱。而以伦敦大学史蒂夫·琼斯教授为代表的科学家则认为，在目前西方社会的生活模式下，曾经对现代人的形成起决定作用的神秘进化力量已经失效了，人类的进化演变已经到了停止的时候。当然，并不是所有的人都同意这一观点的。伦敦自然历史博物馆的斯特林格教授认为，人类仍然受着自然力量的影响和支配，正是这一力量，创造了30亿年来在地球上繁衍生息的无数物种。自然的力量

☆ 想象中的智能帮手

一直在起着作用，人类一直都在向着更大更强的方向发展，然而，我们无法知道我们将来会变成什么样子。

·相关链接·

伦敦自然历史博物馆：伦敦自然历史博物馆位于伦敦市中心，1860年从大英博物馆中独立出来，并于1873—1880年迁移至现在的馆址。

英国自然历史博物馆拥有世界各地动植物和岩石矿物等标本约4000万号，其中古生物化石标本700多万号，图书馆有书刊50万种，并保存着大量早期的自然研究手稿和图画等珍品。全馆有20间大陈列厅，内容包括古生物、矿物、植物、动物、生态和人类等六个方面。

❞ 自然选择力量正在消失

在这一场争论中，双方都把理论依据的核心放在了达尔文的自然选择原理上。根据达尔文的自然选择原理，最能适应环境的动物个体能够活得更长，从而繁衍更多的后代，使得这一物种得以延续下去。例如长颈鹿，在古代它们的脖子并不像现在这样长，但随着时间的发展和地球环境的变化，在其生活的地区，树叶逐渐

☆ 随着科技的不断发展，未来人们的生活会是什么样子

☆ 维多利亚女王时代宫廷场景

探索 **人类** 神秘现象

tansuorenleidesenmixianxiang

被吃光。他们当中长脖子的由于能够吃到更多高处的树叶，所以能活得更长，有更多的后代，最终进化成长颈鹿。而那些脖子短的，则逐渐走向了灭绝。琼斯教授认为，在目前的情况下，这种自然选择的作用却在逐渐消失。"在以前，人们的寿命长短和繁殖能力都存在着很大的差异。截至维多利亚女王时代，伦敦的死亡率总是大大超过出生率。有一半的孩子还没有成年就已经夭折了，也许是因为他们缺乏抵抗疾病的基因。但是现在，孩子长大成人的概率却达到了98%。可见，在这一方面，我们已经进化得足够好了。"

❾ 人类进化要靠自己

长寿老人琼斯的观点得到了部分科学家的支持。位于西雅图的华盛顿大学的沃特教授认为，自然对人类进化的影响已经微乎其微。只有人类自己的生物工程学才能使进化演变产生巨大变化。"通过生物工程学，人类可以改变自己的身体外貌，并且可以延长自己的寿命。当人们可以活到150岁，而其中100多年都有生殖能力的时候，人类就会发生巨大变化。人类会繁衍许多子孙，人类的进化将开始转变。"但对于他的这一观点，生物学界还是有许多不同的声音。很多人始终认为，进化无时不在，而人类自己的干预是不协调的。

未来的人类到底会变成什么样子？我们得到的答案众说纷纭，无论是人类靠自然选择自己进化，还是在生物学工程的帮助下进化，目前都是设想。对于这个问题，我们现在只能是猜测，要想知道人类是否进化到了尽头，答案只能由我们的后人找到，因为只有时间才能告诉我们结果。

· 知识外延 ·

长颈鹿的长脖子：长颈鹿的长脖子在物种进化的过程中独树一帜，这样它们在非洲大草原上，就可以吃到其他动物无法吃到的，在较高地方的新鲜嫩树叶与树芽。但长颈鹿和其他动物的脖子椎骨同样只有7块，只是它们的椎骨较长，一块椎骨有两米长。

由于它们要时常咀嚼从树上摘下的树叶，这就使得它们的下颚肌肉不停地运动，而脸部因缺少运动而生长缓慢，所以我们可以看到长颈鹿总是一副僵硬的表情。

☆ 人类通过自己的双手改变着自然

血型的秘密

每个人都有自己的血型，然而最初的血型是怎么形成的呢？未来血型的种类会不会出现新的变化呢？科学家对人类血型的形成提出了新的看法。

人类中目前存在有四种血型：O型、A型、B型和AB型。这四种类型的血型并不是在所有的人身上同时出现，而是由于不断进化和人们在不同气候地区定居下来后按次序逐渐形成。在寒冷的年代，由于草原上可供食用的东西匮乏，游牧部落不得不去寻找新的生物来满足他们的食物需求。于是人的消化系统和免疫系统也会随着新的饮食结构的出现而有所变化，紧接着血型也会有所变化。

O型血：它的历史最为悠久，大约出现于公元前6万～4万年之间，当时的尼安德特人吃的是简单的饭食：野草、昆虫和从树上掉下来后猛兽吃剩下的果实。而4万年前出现了克鲁马依人，他们以狩猎为生。在猎光了所有的大野兽后，他们从非洲向欧洲和亚洲转移。

A型血：A型血出现在公元前2.5万～1.5万年之间。当时，以果实为生的祖先逐渐变成杂食。随着时间的推移，农耕成为住在现今欧洲土地上的人们的主要生产方式，野禽野兽开始接受驯养，人的饮食结构随之发生变化。现在，绝大多数A型血的人都居住在西欧和日本。

·相关链接·

血型：血型是对血液分类的方法，通常是指红细胞的分型，其依据是红细胞表面是否存在某些可遗传的抗原物质。已经发现并为国际输血协会承认的血型系统有30种，其中最重要的两种为"ABO血型系统"和"Rh血型系统"。血型系统对输血具有重要

☆ 血型研究

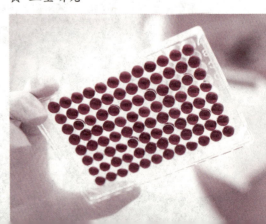

探索
人类
神秘现象

tausuorenleishenmixianxiang

意义，以不相容的血型输血可能导致溶血反应的发生，造成溶血性贫血、肾衰竭、休克以至死亡。

B型血：该血型出现在约公元前1.5万年至新纪元之间。当时东非的一部分人被迫从热带稀树干草原迁徙到寒冷而贫瘠的喜马拉雅山一带。气候的变化便成了B型血诞生的主要因素。这种血型一开始出现在蒙古人种身上，随着他们后来不断向欧洲大陆迁徙，最后导致今天有很多东欧人都是这个血型。

人体的四种血型中最后出现的为AB型，它的出现还不到1000年的时间，是"携带"A型血的印欧语民族和"携带"B型血的蒙古人混合交配后的产物。AB型血的人继承了耐病的能力，他们的免疫系统更能抵抗细菌，但他们也有弱点，那就是易患恶性肿瘤。

据此，科学家估计很快会出现第五种血型。完全有可能出现一种新血型，比如说C型。随着现代科技的发展，未来世界必将会出现人口过于稠密、自然资源所剩无几、环境污染相当严重等恶劣的局面。为了适应未来恶劣的生存环境，人类中必将出现新的血型，以此来保存人类物种的延续性。而先前进化的四种血型虽然已经历了悠久的历史，但最终可能会不再适应未来日益严重的生态灾难而被淘汰，直至消亡。

未来人类的血型真的会因为生存环境的变迁而出现新的类型吗？先前存在的血型真的要逐步消亡吗？以上的说法仅仅是一种推测，现在下结论还为时过早。

·知识外延·

喜马拉雅山：喜马拉雅山脉是世界海拔最高的山脉，位于亚洲的中国与尼泊尔之间，分布于青藏高原南缘，西起克什米尔的南迦—帕尔巴特峰（北纬35° 14'21"，东经74° 35'24"，海拔8125米），东至雅鲁藏布江大拐弯处的南迦巴瓦峰（北纬29° 37'51"，东经95° 03'31"，海拔7756米），全长2400千米。主峰珠穆朗玛海拔高度8844.43米。

☆ 血红细胞

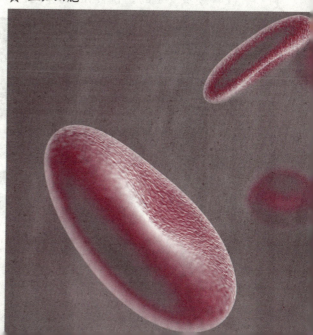

人类未来相貌

按照达尔文提出的进化论所说，人类总是处在不变的进化和演变的过程中。从类人猿到现代人类，这一路走来，人类的面貌发生了很大的变化，身体形态的发展并不会"定型"，随着现代社会的不断进步，人类饮食习惯的改变也必将影响人类的容貌。如果假以时日，人类未来的容貌也许会改变，我们就静观其变吧！

依照达尔文的进化论，今天的人类和数百万年前的类人猿拥有同样的祖先，人类是由类人猿进化而来的。但进化到现在，人类的外貌已经和猴子、类人猿相去甚远。科学研究表明，人类的外貌一直在逐步变化着，这种变化是随着人类饮食的不断改善逐步发生的。饮食在人类外貌变化过程中起了很大的推动作用。

人类的脸每1000年缩小1%~2%

科学家进行了一系列科学研究，

☆ 不同国家、地区的人拥有着不同的相貌

这些研究表明，自从人类进入农业社会以来，面部就逐渐地慢慢变小。密歇根大学的人类学教授布雷斯表示，人类的脸每1000年缩小1%～2%。人类面部的骨骼逐渐缩短，牙齿也开始减少和变小。

1万年前，每个人都长着智齿，而现在，我们只有一半的人有智齿。韩国产业资源部技术标准院在一次"韩国人25年来外貌变化"的调查中，得到的结果令人非常惊讶。结果表明韩国人的面部居然在25年中出现了明显的变小趋势。1979年，韩国男性和女性的头部平均长度分别为24.6厘米和23.3厘米，但在2004年，韩国男性和女性的头部平均长度分别为23.6厘米和22.3厘米。为什么人脸会变小呢？美国俄亥俄州立大学的人类学教授拉森解释说，人类饮食的变化是面部变小的主要原因。自从进入农业社会以来，人类学会了如何使用火，从此渐渐改变了专吃生食的习惯，开始吃烹饪好的粮食和肉类，这就意味着人类可以不用像吃生食物那样使用牙齿、头骨和肌肉的配合来艰难地咀嚼，最后，我们的牙齿、头骨、肌肉就长得都不像过去那么强壮，我们的脸就逐渐变成现在的小脸型。也有学家认为，人脸的变化或许与性选择也有关系，人类在潜意识中可能更偏爱脸小的人做伴侣。

·相关链接·

猿：猿是灵长目人猿总科动物的通称，包括两个科。虽然人们常把猿猴并称，有时候将猴也称为猿，而猿有时也会称做是猴，不过他们在生物学上是不同的动物。两者的主要区别在于猴有尾巴，而猿没有。在分类学上，人是猿的一种。

女性身材变化很大

社会的进步和食物的日渐丰富，也使得人类的体型发生了变化，与我们的祖先相比，我们的身高普遍增

☆ 东方女性

☆ 饮食习惯对人类长相有着巨大的影响作用

加，而腰围却越来越粗。美国北卡罗来纳大学的研究人员对6318名本国女性作了相关的调查，结果发现：46%的人是"长方形身材"，从上到下一样粗细；超过20%的女性是"梨形身材"，臀部比胸部大；体型呈"倒三角"，胸围比臀围大的女性占到了14%；只有8%的人拥有完美的"沙漏形身材"。

"韩国人25年来外貌变化"的调查表明，与1979年同一年龄段的人相比，现在处于20～29岁男性的平均身高增加了6厘米，达到173.2厘米，而女性增高4.6厘米，达到160.0厘米。

50～59岁的人腰围变化最明显。与25年前相比，男性腰围增加了11.6厘米，达到87.5厘米，女性增加了9.6厘米，达到83.0厘米。伦敦大学学院和伦敦时装学院的一项研究发现，现在英国女性的平均腰围比20世纪50年代增加了15厘米。

未来的人可能像青蛙

未来人类的外貌将如何变化？科学家认为，人类未来的外貌进化将去其糟粕，取其精华。首先，男性的长相将女性化。苏格兰圣安德鲁大学的科学家珀雷特指出，在一些大城市，社会以女性作为消费需求的对象，因此，男性的风格将会被女性同化，届时将会出现带有女性化特点的男性形象。他们与过去那种承担历史重任的枭雄男性形象不一样，相反他们气质柔和，比外表有力、性格刚毅的男性更加不具有攻击性，因此也更容易接近。

其次，为避免得一些疾病，人体结构将会出现一些变化。美国老年学家奥利尚斯基指出，人类独特的直立行走方式让脊柱负荷太重，椎骨之间薄薄的软骨盘在重压下变形，并直接压迫神经和脊髓。为了保护脊柱，未来人类的软骨盘会增厚，并且躯干上部将朝地面弯曲，以此来减轻脊柱的负担。因此，未来人类看上去都有些"驼背"。

俄罗斯莫斯科第一医学院的解剖学家沃罗比约夫甚至猜想，未来人类的外貌可能像青蛙。科技的发展使得人类坐着的时候增多，使脊柱长度收缩，因此未来人个头会越来越矮，身高也就一米左右，这样骨盆同颅骨的距离拉近。这样一来，人从外表看很像一只大青蛙。

❟ 未来人类可能像外星人

美国科学家、芝加哥大学遗传学终身教授蓝田博士认为，人类进化成电影中出现过的外星人模样，大脑袋、细身体，这是有可能的。蓝田

☆ 未来人类长相会发生什么样的变化

博士称，早先基因证据表明，人类和黑猩猩的祖先在分家后，人类祖先的大脑快速进化，并产生了较高级的认知功能，直至距今约20万年前现代智人出现为止。在人们的习惯观念中，现代人类大脑在生理上已经"定型"了，但这种观念是不正确的，其实人类的大脑还处于不断进化的过程中。

由蓝田博士领导的一个研究小组，一共找出了24个与大脑进化有关的基因，并对人类体内管理脑容量大小的两个基因的演变进行了分析。他们共搜集了世界各地59个民族、1000多人的基因样本，发现这两个基因都正在进化中，现代人的大脑没有"定型"。蓝田博士解释说，这种进化并不是同时发生在整个种群中，而是个别基因优先进化的，因而这也是一个漫长的选择过程。有证据表明，直到现在为止人类的大脑一直在进化过程

☆ 人类相貌会趋向其他动物吗

中，而且这种进化与人类文明的兴起有密切联系。可以模糊地推测，人类以后进化成我们现在电影中所见的外星人模样或者其他不可思议的模样，在理论上都是有可能的。

人类真的会进化到小脸吗？身材真的会变成粗壮型吗？或者会变成青蛙样？还是长得会像外星人？种种推测，从理论上讲各有道理。但究竟会如何？我们还是静观其变吧！

伦敦大学：伦敦大学是由多个行政独立的学院联合组成的学府（联邦制大学），亦是世界上规模最大的大学之一。大学旗下的学院都拥有高度的自治权，各学院在学术上有各自的领域，例如：伦敦政治经济学院负责社会科学，皇家音乐学院专攻音乐，考陶尔德艺术学院为世界顶尖的艺术史研究机构等。

探索
人类
神秘现象
tausuorenleisheunixinxiang

第三章

奇 特 一 族

　　高不及膝的小矮人，存在于茫茫海水中的海底人，神秘的雪人，还有淌着蓝色血液的蓝血人，我们都给他们冠以"人"的称谓，但他们与人类又有着极大的差异，其原因何在？谁能揭开遮盖在他们脸上的神秘面纱呢？

美洲小人国

地球上真的有英国名作家斯威夫特笔下神秘的小人国吗？人们对"小人国"的存在充满了遐想。关于小人国的故事还在继续着……

在上世纪50年代，几名山地学者在南美洲安第斯山脉一个被莽林掩盖的山岩上，发现了好几十个一尺多高的龛式洞穴。洞穴不深，但看得出已经历了漫长的岁月。在这个洞穴里竟赫然摆放着仿佛人头般的头颅！这个头颅比成年人的拳头大不了多少，不仅五官俱备，而且经过生理切片等检验，证明的确跟成年人的细胞组织一样！这真是令人难以置信！成年人的头怎么会那么小？这个头颅属于世界哪个民族？神龛又是谁建的？

·相关链接·

安第斯山脉：世界上最长的山脉，几乎是喜马拉雅山脉的3倍半，属美洲科迪勒拉山系，是科迪勒拉山系主干。南美洲西部山脉大多相互平行，并同海岸走向一致，纵贯南美大陆西部，大体上与太平洋岸平行，其北段支脉沿加勒比海岸伸入特立尼达岛，南段伸至火地

岛。跨委内瑞拉、哥伦比亚、厄瓜多尔、秘鲁、玻利维亚、智利、阿根廷等国，全长约8900千米。一般宽约300千米，最宽处在阿里卡至圣他克卢斯之间，宽约750千米。

这个"袖珍头颅"后来被送到人种学家手上，简直被奉为至宝。要知道，假如这些小人头真的属于现存世上的某个人种，那么，经典的人种学和人类学都得重新研究了！

高不及膝的"小人妖"

无独有偶，像这种令人吃惊的事还发生在1934年。那年冬天美内布拉斯加州的两个职员，假日到落基山脉的彼得罗山去采挖金矿。他们在陡峭的含金砂岩上拉响了一个爆破筒，一时间飞沙走石、尘土漫天。待尘烟过去，炸开的岩壁上却蓦地露出一个高宽不过一米的窑洞，洞口搭着几根立

柱，仿佛是探矿场的坑道。洞内漆黑如墨，他俩赶紧打着手电往里探视。眼前的一切吓得两个美国人瞠目结舌：洞里有一个高不及膝的小"人"端坐在石凳上，正睁着一双可怕的大眼紧盯着他们。他俩掉头就跑，以为碰到了印第安传说中的"巨眼小魔王"！可是，这只小怪物却并未采取什么行动。他俩跑了一段距离后定了定神，壮着胆子再回洞中，这才看清了那不过是一具干尸。然而，人有这般矮小的么？会不会是落基山脉的一个新人种？还是几千年甚至上万年前的古人类？他们感到一阵莫名的兴奋与激动，用一块大手帕小心翼翼地把这干萎了的小人包起来，连夜下山报告州政府。政府工作人员也极感惊奇，立刻把这"似人似妖"的怪物送到卡斯珀市医院去鉴定。医生们一打开手帕也吓呆了，后来经过X光透视以及多项化验，才证实这个"小人"身高48厘米，皮肤铜黄色，脊椎骨和四肢骨骼与人类的结构一致。左锁骨有明显重伤痕迹，身上还留存不少伤痕。牙齿整齐，犬齿尖长，可能习惯于掠食生肉。前额很低，头盖和大鼻子也很扁，而眼睛(按面部比例)却比人类的大。从整个体形及发育程度来看，这是个60多岁的男性成年人！

真有小人国？原来在此之前，卡斯珀市的一个律师、一个买卖旧汽车的商人、一个矫形学专家和一个墨西哥牧羊人都曾有过关于小人国的惊人发现。可惜大都失落了，只有矫形专

☆ 神奇的自然界中，总是充满未知，就像默默流淌的河水一样，引人好奇

探索

人类

神秘现象

☆ "小人"的发现往往是在隐蔽的深山，于是这些大山也成为探索者的下一个目的地

家理查德珍藏的一个"人妖"头颅。在他去世后，被他女儿赠送给怀俄明州立大学作研究之用，至今得以妥善保存。其实，这些年来，科学家们做了大量的考察，都证实了这个木乃伊小人国的存在。令人百思不解的是，既然小人国幅员辽阔，纵跨南北美两大洲的崇山峻岭，总应该有过极其繁荣鼎盛的时期，可是，他们是怎样建成这个辽阔的国家的呢？为什么没有留下一点儿灿烂文化的痕迹？他们是什么时候灭绝的？如果现在还有小人国，那么那些"小人"又藏到哪儿去

了呢？

🎵 小人国覆灭的传说

为了证明小人国是否存在，学者们访问过住在这一带山区的印第安老人。很多部落都留下了小人国的种种传闻。索松尼族的印第安人还称小人为"尼米里加"（意为"吃人肉者"）。据说这些小人强悍不羁，背负整只鹿或山羊飞跑上山，如履平地；而箭法尤其了得，喜欢在奔跑中发射冷箭，箭法神得出奇，可以百步穿杨。他们常常带着用山羊角制成的弓，背着成筐有剧毒的小箭，藏在草丛、石隙、洞口、树上，出其不意地伏击比他们

高大4～10倍以上的印第安人和猛兽。一次，有300多个西奥兹族的牧民，骑马牵羊不小心闯进了小人国的领地，被小魔王们用毒箭围攻袭击，直杀至无一生还！阿拉巴霍族人与"吃人小妖"之战也总是败得那样惨，不但从未杀死或活捉过一个身长盈尺的小家伙，反而自己的种族却要濒于绝灭了。于是全族人出于无奈只好向上苍求救，发疯似的以狂舞的形式祷告了三天三夜。据说终于感动了神明，一个夜晚，天降神火于落基山山峰，火山爆发，终于摧毁了无敌的小人国。

·知识外延·

印第安人：印第安人是对除因纽特人外的所有美洲土著居民的总称。美洲土著居民中的绝大多数为印第安人，分布于南北美洲各国，传统将其划归蒙古人种美洲支系。印第安人所说的语言一般总称为印第安语。印第安人的族群及其语言的系属情况均十分复杂，至今没有公认的分类。

缩头成拳的殡葬仪式

然而，更多的科学家却认为，小人国是不存在的，各地发现的干尸小人（或小头）恐怕另有别的意义。后来有个叫弗格留申的医学教授冒着生命危险几度深入南美密林，企图弄清真相。当地人告诉他小头颅不过是印第安希巴洛斯族特有的医药缩头术的结果！原来，这个民族盛行一种奇特的殡葬仪式：族里人死了，祭师就把死者的首级割下，用一种名叫"特山德沙"的神奇草药制剂来泡浸，即可把头颅缩制成拳头大小，使组织经久不败。而有地位的酋长、元老死后，则全躯处理，以供奉祀。那么弗格留申教授所了解到的有关"小人"成因的信息又是否属实呢？小人国到底存在吗？我们还需要一定的时间找到更加充分的证据才能进一步证实这一点。

☆ 小人国真的存在吗？相信人类会最终解开这道谜题

智慧的海底人

　　地球上除了人类之外还有智慧生命吗？海底有智慧的文明吗？海底人真的存在吗？100多年来，世界各国商船和军舰在海上不断遇到一些有关"海底人"的怪事，这似乎给人们的疑问又平添了几分神秘的色彩。

　　1938年，在爱沙尼亚的朱明达海滩上，人们发现了一个"鸡胸、扁嘴、圆脑袋"的"蛤蟆人"。当他发现有人跟踪时，便迅速地跳进波罗的海，其速度势如闪电，快得使人几乎看不见其双腿。这大概是第一例有关"海底人"的目击案例。

　　1958年，美国国家海洋学会的罗坦博士使用水下照相机，在大西洋4000多米的海底，偶然间拍摄到了一些类似人但却不是人的足迹。1963年，美国潜艇在波多黎各东海岸演习时发现了一个"怪物"，它既不是鱼，也不是兽，而是一条带螺旋桨的"水底船"，时速可达280千米，即使人类利用现代科技对其追踪，也是望尘莫及的。据说当时美国海军有13个单位都看见了它，并分头派出了驱逐舰和潜艇进行追踪，但不到4个小时，这头"怪物"在人类的奋力追赶下消失得无影无踪。

·相关链接·

　　潜艇：潜艇是一既能在水面航行又能潜入水中某一深度进行机动作战的舰艇，也称潜水艇，是海军的主要舰种之一。潜艇在战斗中的主要作用是：对陆上战略目标实施核袭击，摧毁敌方军事、政治、经济中心；消灭运输舰船、破坏敌方海上交通线；攻击大中型水面舰艇和潜艇；执行布雷、侦察、救援和遣送特种人员登陆等。

　　1973年，在大西洋斯特里海湾，丹德尔·莫尼船长发现水下有一条类似雪茄烟的"船"，其长约40米～50米，正以每小时110千米 - 130丁米的速度航行，并直奔丹德尔的船而来，可在两船即将接触之时，它却悄然绕船而过。在这件事发生之后半年，北约组织和挪威的数十艘军舰在威恩克斯纳海湾发现了一个被称为"幽灵潜水艇"的水下怪物，于是10艘军舰使用了各种武器对它进行攻击，但它却全无反应。而当它浮出水面时，所有军舰上的无线电通讯、雷达和声呐仪等系统全都无故失灵，直到它消失后才恢复正常。

海底奇特闪光

1992年夏，一群西班牙的采海带工人在海底见到了一个庞大的透明圆顶建筑物。1993年7月，美英科学家在大西洋大约1000米深的海底发现了两座大型"金字塔"，很像水晶玻璃建造的，边长约为100米，高约200米。美军上校亨利也曾在百慕大三角区水下360米处发现过金字塔。无独有偶，美国探险家特罗纳在巴哈马群岛海域发现了"比密里水下建筑物"。当时人们认为这些建筑是海底人用来采集海底石油和天然气的化工厂，也有人认为是海底人用于净化和淡化海水的设备，甚至有人猜想这是海底人发电用的电磁网络。持这一观点的人认为，海洋深处会莫名其妙地发射出奇特的强光，或许就是这个原因。俄罗斯学者鲁德尼茨基认为，这个大胆的假设很有道理。假如我们能把海洋神秘闪光的持续时间和间隔时间记录下来，也许可以把海底人以闪光信号的方式向大陆人类发出的信息通过现代化的电子计算机破译出来。那么，届时我们将通过这些信息了解到更多有关海底人的生活、生产等各方面的习性。

☆ 美丽宁静的海岸

☆ 为了探索海底的秘密以及利用海洋资源，人们建筑的海中小岛

探索
人类
神秘现象

tansuorenleishemixixiang

美国科学家桑德逊几乎把毕生时间都倾注于对水底世界里"反常现象"的研究，他撰写了很多极具学术价值的文章。有一次，桑德逊乘坐一艘破冰船在大西洋上航行时，亲眼目睹了一个弹丸形的银灰色怪物突然从冰封的大海中冒出来，"咔嚓"一声撞碎了3米多厚的冰层，随后一下子消失在云天中。这简直是一个不可思议的奇观。桑德逊就此提出了一个大胆假设：地球上存在着高度发达的海底文明。

至今，这些奇怪的现象仍令许多科学家百思不得其解。难道在这片蔚蓝的大海里真的蕴藏着人类从前并不知道的具有高度智慧的生命吗？

海底人究竟是何方神圣？有一种观点认为，海底人确实存在，它们既能在"空气的海洋"里生存，又能在"海洋的空气"里生存，是史前人类的另一分支。理由是：人类起源于海洋，现代人类虽生活在陆地上，但是有许多习惯及器官明显地保留着这方面的痕迹，例如喜食盐，身无毛，会游泳，爱吃鱼等等，而这些特征则是陆上其他哺乳动物所不具备的。人们假设，在人类进化过程中，可能分成水中、陆上两支，爬上岸来的称为人类，一直留下来生活在水中的称为海底人。第二种观点则认为，海底人不是人类的水下分支，由于这些生物的智慧和科技水平远远超过了人类，所以，我们在海里所看到的不明怪物很可能是栖身于水下的特异外星人。大多数科学家都不同意这种观点。他们认为，神秘的海底人的许多特征均符合地球的生存条件，他们只能是地球的产物，而不可能是来自外星球的生物。于是，海底可能有另一支人类分支的说法逐渐占了上风。

在深不可测的汪洋大海里究竟是否真的生活着智慧生命？如果没有，那么海底出现的高度文明的"幽灵潜水艇"以及"金字塔""水下建筑"等等又该怎么解释？如果有，那么他们到底是与人类同祖的水中分支还是水下特异外星人？我们目前也没有充分的理由来解释，这还需要继续寻找确切的证据。

· 知识外延 ·

百慕大三角区：百慕大三角区（又称魔鬼三角或丧命地狱，有时又称百慕大三角洲；但此区域并不是三角洲地形，且不合语源）位于北大西洋的马尾藻海，是由英属百慕大群岛、美属波多黎各及美国佛罗里达州南端所形成的三角区海域，面积约390万平方千米。据称那里经常发生超自然现象及违反物理定律的事件。

☆ 人们在海岛上过着现代生活，可是在海底，真的还有海底人在创造属于他们的文明吗

神秘的雪人

身高1.5米～4.6米不等，头颅尖耸，红发披肩，周身长满灰黄色的毛，步履快捷。其爬升和逃跑时硕大的双脚可以在不转身的情况下迅速调转180度，这些描述给出没不定的野人披上了一层更加神秘的面纱，人类对野人的研究一直在进行着。

雪人通常是对处于高寒地带的"野人"的一种称呼，他们在森林中和雪地上健步如飞。在中亚和东亚的雪山间，雪人被称为"夜帝"或"耶泰""朱泰"等，意思为"居住在岩石上的怪物"。雪人不仅出没于欧洲东南部的高加索山脉，而且活动范围相当广泛，喜马拉雅山、喀喇昆仑山、帕米尔高原以及蒙古高原的群山之中、冰天雪地的广阔空间也有他们的足迹。他们在当地居民的记忆里至少存在有300年以上的历史，至今还被描绘得活灵活现，以至成百上千的科学家、探险家对它们感到十分好奇并充满了浓厚的兴趣，苦苦探寻着雪人的奥秘。

·相关链接·

高加索：高加索位于亚欧大陆黑海、亚速海同里海之间，气候属于温带和亚热带，有丰富的石油、天然气、锰、铅等矿产资源，人口约3000万，有50多个民族。传统上把大高加索山脉的主分水岭当做南欧和西亚的分界线。山北侧称前高加索或北高加索，属俄罗斯；南侧称为外高加索或南高加索，包括格鲁吉亚、亚美尼亚和阿塞拜疆三国。

雪人也"好色"

雪人虽然生性羞怯，却被描述得很"好色"：雄性夜帝遇见女人便会穷追不舍；反之，男人倘遇见雌性夜帝，也难逃厄运。所以，高加索山民揣测：1920年初，一连苏联红军战士的神秘失踪事件，极有可能是雌性夜帝群体所为。女作家吉尔宁曾经在一群尼泊尔少女的陪同下深入喜马拉雅山南麓寻觅雪人。在一个阳光明媚的日子里，这群少女在雪山间的一条山涧里裸泳嬉戏，不幸被十几个雪人发现。它们呼啸着一拥而上，将这群可怜的少女全部掳走。吉尔宁幸而未及下水——在一处山崖旁观赏雪景，因此得以脱逃。她劫后余生，将这件事写进了她的那部著名的探险记《雪人和它的伴侣们》里。后来这部探险记引起了巨大的轰动。

她摔倒了。待到她爬起身时，看见一个灰白色的雪人正英勇地同雪花豹翻滚在一起。姑娘不敢多作停留，乘机逃跑回村。雪人后来的命运到底如何，她不知晓，但是她永远忘不了雪人挺身而出，"见义勇为"的行为。要不是雪人出手相救，姑娘恐怕再也难见到父母姐妹们了。所以尽管周围的人对雪人十分恐惧与厌恶，姑娘却从不诋毁他们。

雪人也会"英雄救美"

1975年，一名尼泊尔舍尔巴族姑娘上山砍柴，突然遭遇一只凶猛的雪花豹。正当她惊恐地闭上双眼，束手待毙之际，却猛然地受到重重一击。

雪人是否存在

据英国人类学者伯·斯·皮格尔的报告，有些舍尔巴族猎人曾在雪人

☆ 苍茫的雪山沉淀着一种说不出的神秘气氛

☆ 雪山一角

醉倒之后捕获过它们。猎人向皮格尔描绘说，其中的一个高约3.5米，浑身披毛，头发垂至眼睛，但脸部无毛，露出浅色的皮肤，同猿猴的相貌差不多的动物。它宽肩驼背，长着一双很长的手臂。身体前倾，用两脚走路，但有时也用四肢并行。猎人们说，这大约是一头雌性雪人，因为它有着一对硕大而下垂的乳房。雪人基本上为肉食，体味很重，既有狗熊的气味，又带有强烈的狐臭。它们喜好夜间活动，能发出各种叫声，最典型的是尖叫，足以撕裂人们的耳膜。

1914年，年轻的动物学家维·哈·卡克卡将他在高加索山脉搜集到的当地称为"吉西·吉依克"的雪人的材料在圣彼得堡皇家科学院公之于众，不过当时并未引起人们注意。直到1958年，苏联人类学家波尔恰洛夫才重新研读了这些材料。后者发现，当年卡克卡为"吉西·吉依克"勾勒出一个相当完美的复原像：雪人像小骆驼那样高大，全身长满棕褐色或淡灰色的毛，长臂短腿，爬山和奔跑都极敏捷，脸阔，颧骨突出，嘴唇极薄甚至很难看出，但嘴巴宽阔。脸上皮肤色深而且无毛，既食鸟蛋、蜥蜴、乌龟和一些小动物，也吃树枝、树叶和浆果。它们像骆驼那样睡觉，用肘和膝支持身体，前额对地，双手放在后脖颈上。

蒙古高原的雪人被称为"阿尔玛斯"或"阿尔玛斯蒂"。蒙古科学院院士赖斯恩认为，雪人的存在不容怀疑。由于现代人类的活动范围不断扩大，致使雪人的生存空间越来越小。因此，我们应该像保护珍稀动物一样保护雪人。

1941年，一位苏联军医在今塔吉克斯坦的帕米尔地区的一个小山村里捕捉到一个浑身披毛的怪物，它不会讲话，只会咆哮。后来边防哨所的卫兵将它当做间谍枪杀了，这位名字叫维·斯·长捷斯蒂夫的军医知道后很伤心。他将这件事情写成通讯，发表在一份医学杂志上。继维·斯·长捷斯蒂夫军医之后，一个叫维·克·莱翁第亚的狩猎检察官报告说，他曾追踪过一个全身毛茸茸、扁脸孔的两脚怪物，并在距它五六十米处进行了观察。

有一个由日本探险家、科学家和登山爱好者组成的雪人搜寻队抵达喜马拉雅山的营地，开始了6个星期的高技术寻找雪人行动。这次规模史无前例的喜马拉雅山雪人科考活动的发起人是东京的房屋装修工高桥义照。这位60岁的东京装修工是日本颇有名气的登山家，同时也是喜马拉雅山雪人研究的权威。高桥说："我完全相信雪人的存在。我4次登上尼泊尔的

白山时都撞到过那些神秘的大脚印。1971年，我们探险队的一名成员还亲眼看到过一个雪人，当时那个看起来像是猩猩的神秘怪物就站在离他15米远的地方，那怪物有1.5米高，双腿像人一样直立，头上有长长厚厚的毛，他可以肯定他所看到的不是猴子或熊。"1994年，高桥在该山海拔5000米高的地方发现雪人的栖身之洞。令人遗憾的是他们所携带的相机因为天寒全都坏了，因此没能拍下这一重大发现。

不论从高加索、帕米尔还是从蒙古高原、喜马拉雅山传来的信息，都说明存在真实的雪人的活动，而且大多数信息都证明雪人属于人科动物。那么，雪人真的就是人科类野人吗？对此，英国女人类学家玛拉谢克雷博士认为，雪人是尼安德特人的后代。这就是说，雪人介于人和猿之间。谢

☆ 雪地里的狩猎场景

☆ 雪地里留下的巨大足迹，究竟是神秘雪人还是其他物种

探索 人类 神秘现象

tansuorenleishenmixianxiang

克雷博士研究了雪人留在雪地里的大脚印，指出它的大足趾很短，略向外翻。苏联人类学家切尔涅茨基也认为雪人是尼安德特人的后代。当时尼安德特人在与智人（即现代人的直接祖先）的搏斗中，节节败退。最后为了躲避毁灭性的攻击，其中的一支就逃入高山雪峰，衍变成雪人。中国人类学家认为，雪人是巨猿的后代，但它不是人类的祖先，它同人类祖先有"亲戚"关系。他们比较了雪人脚印和猿类脚印，认为雪人更像猿。传说中的雪人直立行走，受惊时也匍匐疾

跑——这很像古猿类。他们推测，古代的巨猿并没有真正灭绝，它的后代潜伏生长在欧洲东南部及亚洲的雪山冰峰之间，成为神秘的雪人。它们没有走进人类的门槛是因为它们并没有语言的功能，只会发出模糊的叫声。

然而也有学者否认雪人的存在，他们认为传说中的雪人的脚印可能是熊的脚印，也可能是山上的落石在雪融化后造成的。曾有专门的考察队考察了据说有雪人频繁出没的世界第三高峰干城嘉峰山麓，可是一无所获。

1959年，一支美国雪人考察队也在尼泊尔境内考察了一个半月，也没有发现雪人的任何蛛丝马迹。那么，前述各国各地区有关雪人的报告或者科学调查都是在撒谎吗？显然又不像。人们没有很好的理由来否定，但也没有充分的证据如照片等来证明它的存在。我们期待着早日揭开雪人之谜。

·知识外延·

帕米尔："帕米尔"是塔吉克语"世界屋脊"的意思。帕米尔高原海拔4000米～7700米，拥有许多高峰。帕米尔高原早在中国汉代就以"葱岭"相称，因多野葱或山崖葱翠而得名。帕米尔高原实际上不是一个平坦的高原面，而是由几组山脉和山脉之间宽阔的谷地和盆地构成。

神奇的蓝色人

地球上人类肤色分为四大类，然而蓝色人种的出现，给人种划分又增添了一些新色彩。

前文提到，全世界人类的肤色除了有白色、黄色、棕色、黑色外，在地球上曾经还出现过绿色皮肤的人，但那些绿人似乎并不是生活在地球上。然而，让人感到更加惊奇的是，在我们地球上还真真实实地生活着一群肤色是蓝色的特殊人种。

有一支进行自然植被及野生动物考察与研究的考察队，长期跋涉在非洲西部一个与世隔绝的山区。一天，考察队正穿行于一片茂密的树林，忽然，他们看见在树的缝隙中有几个人影一闪而过。那是什么？这里怎么会有人居住呢？强烈的好奇心驱使他们要弄个明白。于是队员们悄悄地跟踪了过去，在不远处他们看见有几个像原始人一样用兽皮、树叶遮体的人，仔细一看竟发现这些人的皮肤是淡蓝色的。当这些蓝色皮肤的人发现附近有陌生人后，拔腿就跑，转眼消失在茂密的丛林之中。世界上竟然会有蓝色的人种？考察队员们简直不敢相信眼前所看到的一切，他们怀疑是不是这些人的身上涂抹了什么东西才使他们变成蓝色的。于是，他们决定作进一步的调查，看个究竟。经过几天的努力，他们终于发现了这些蓝色皮肤的人，竟是一个庞大的家族。他们居住在洞穴之中，过着原始的狩猎生活。考察队又发现这些奇特的人不但皮肤是蓝色的，而且连流出的血液也是蓝色的。在这一奇特的发现之后不久，美国加利福尼亚大学医院的著名

☆ 坐落在山林里的茅草亭

☆ 据说在非洲撒哈拉沙漠中也曾有一批蓝色人出现过

运动生理专家韦西在智利的奥坎基尔查峰海拔6000多米的高处，也发现了适应力极强的浑身皮肤发着蓝色光的人种。

·相关链接·

加利福尼亚大学：加利福尼亚大学简称加州大学或加大，是美国加州的一个公立大学系统。加州大学起源于1853年建立在奥克兰的加利福尼亚学院。如今已发展成一所拥有10个分校并对加州发展影响深远的巨型大学系统。加州大学是美国最具影响力的公立大学之一，其伯克利分校、旧金山分校、圣地亚哥分校和洛杉矶分校都是世界一流的学府。

韦西说在这样高的山峰上，空气十分稀薄，含氧量很小，这些奇特的蓝色人，像机灵的猴子一样，行动特别敏捷，一般人很难与之相比。另外据说在非洲撒哈拉沙漠中，也有一批为数不多的蓝色人出现过。一位美国生物学家在考察喜马拉雅山时，也曾在6000米以上的高处发现了一些蓝皮肤的僧侣，最令人吃惊的是这些蓝色的僧侣，在这空气十分稀薄的高山上竟然谈笑自若，还能进行一些粗重的劳动。这一系列蓝种人的发现，向人们关于人种的划分提出了挑战，它用事实说明在地球上除了黄、白、黑、棕这四种人之外，蓝色人种也该享有一席之地了。然而更令人奇怪的是，在世界上黄、白、黑、棕这四种人无论其肤色如何，其血液都是呈鲜红色的，而这些蓝色人的血液为什么会与他们的皮肤相同，呈蓝色的呢？

科学家们对这一奇怪的现象作了旷日持久的研究，提出了各自不同的见解。一种说法是：皮肤的颜色和血液的成分有密切关系。红色的血液是由于血液中的红细胞中含有一种叫血红蛋白的红色蛋白质，而蓝色人的血液中有一种"超高血型蛋白"，却缺乏一种控制这种蛋白增长的酶，所以他们的血液呈蓝色。另一种看法认为：蓝色人血液之所以是蓝色的，极有可能是因为在他们血液中的某些化学成分发生了异常变化，这种变化很可能是由于某种"特殊病态基因"造成的。

一些美国科学家提出：在血细胞内，血红蛋白负责输送氧气。当氧气充足时，血红蛋白会呈现红色，所以常人血液皆为红色；当缺乏氧气时，血红蛋白就会呈蓝色。蓝色人全身蓝色，可能就是由于高山缺氧所导致的。他们在研究中发现，蓝色人的血液中血红素大大超过了正常人的水平。这，或许可以用来解释为什么他们能适应高山缺氧环境的道理。此外，一些流特殊颜色血液的动物也给一些科学家带来了很大的启发。科学家们指出，在海洋中大王乌贼和马蹄蟹的血液是蓝色的，海蛸和墨鱼血液却是绿色的。可见，血液的颜色是由血色蛋白含有的元素所决定的。含铜元素叫血蓝蛋白，使血液呈蓝色；含钡元素叫血绿蛋白，使血液呈绿色；含铁元素叫血红蛋白，使血液呈红

色。从这一理论出发，他们认为蓝色人的形成可能是血液中缺乏铁元素而铜元素过多而造成的。

对于蓝色人的蓝色血液，科学家们从不同的角度出发各抒己见，有的说是缺酶，有的说是缺氧，有的说是缺铁，还有的认为是由基因变异决定的。然而，种种纷繁复杂的解释也都是推测，不是定论。蓝色人种、蓝色血液依然是一个令人费解的谜。

·知识外延·

血红蛋白：血红蛋白是高等生物体内负责运载氧的一种蛋白质，是使血液呈红色的蛋白。血红蛋白由4条链组成，两条α链和两条β链，每一条链有个包含一个铁原子的环状血红素。氧气结合在铁原子上，由血液运输。

☆ 显微镜下的血液形态

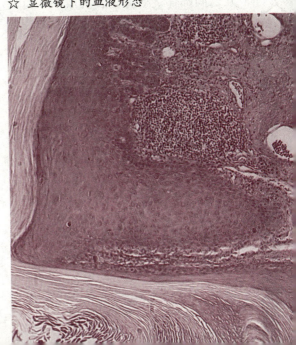

恐怖的食人族

世界著名的人类学家古代史专家摩尔根曾经在他的《古代社会》中论证：从近代世界各地遗留的少数原始部落的生活状况，就可以了解现代文明人远古祖先的生活状况。原始部落多有食人习俗，可知文明人的祖先也曾有食人的习俗。

关于食人族的一切情况，最早都来自一些道听途说。食人族和加勒比人，是两个同源词，据说加勒比人会将活着的男性俘虏全部吃掉。他们甚至会把一些小男孩养起来，等到他们长胖再吃掉。历史上有很多关于食人族食人的描述，是否真实？这引起了人们的怀疑。甚至在相当长的一段时间里，土著人和欧洲的白人相互之间都怀疑对方是食人族——白人认为土著人是未经教化的野蛮人；而土著人以为，白人抓他们的兄弟到欧洲去，完全是为了满足欧洲人对人肉的食欲。但无论如何，很多已经得到证实的例子表明，吃人的事件并非偶然，食人现象确实存在。

·相关链接·

土著人：土著人既不种地也不放牧，是一个少有的从不驯化土地的民族，5万年来他们只满足于大自然所赋予他们的一切。何谓"土著人"，目前国际上尚无定论。一般认为，土著人系指在外来的种族到来之前，那些祖祖辈辈繁衍生息在一个国家或地区的人民。外来者的入侵及文化"同化"，使他们沦陷于很不利的境地，如美洲的印第安人、大洋洲的毛利人和靠近北极圈的因纽特人等。

考古学的证据更表明，吃人的现象曾经非常普遍。近些年来，人们又发现了一些新的证据。一个证据是1000多年前，在今天美国科罗拉多州西南一个被遗弃的很小的印第安人村庄，至少有7个人被屠杀、烹饪并被吃掉。这说明在哥伦布发现美洲大陆以前，美洲土著人是杀人和吃人的。人们在这个印第安人定居点发现了上千的人骨和骨头碎片，这些人类遗骨或散落在地上，或堆积在一间侧室里，进一步的检查发现，这些骨头上有割伤的痕迹，而且发现了两个石头切割工具上有人类血迹。研究者还在附近发现了一口煮饭的锅，在炉火的灰烬中，研究人员还发现一堆人类排泄物的粪便化石。

由美国丹佛科罗拉多大学医学院的病理学家理查德·马拉领导的研究小组怀疑这是食人族的遗迹。他们接着在煮饭锅和粪便化石上进行生物化学实验时，寻找到了人类肌红蛋白的遗迹。肌红蛋白是一种只在骨骼肌和心肌细胞中存在，负责储存和输氧的蛋白质。研究检验结果显示，这口锅里确有人类的肌红蛋白。另外检验了一块人类粪便化石，后来实验的结果表明，这块粪便的主人在排泄前的12～36个小时内，曾经吃过人肉，因为其粪便中含有肌红蛋白。

1000多年前，距离现在并不算遥远。要知道在1000多年前，这块古印第安人居住过的土地，曾经创造过先进的农业文明，拥有农业文明的印第安人又怎么会吃人呢？专家经过考证，认为食人族食人的原因是：饿！原来这里所处的大峡谷地带曾在1000多年前经历过非常严重的旱灾。古印第安人也许正是因为颗粒无收而无奈相食吧。在为数众多的研究文献中，人们提到食人族吞食人肉的目的除了滋养身体之外，还带有自我转化、显示权力，或者将吃与被吃者的关系仪式化等动机。巴布亚的奥洛卡瓦人说，他们会将自己的敌人当做猎物并食用，是为了"捕捉灵魂"，以补偿失去的勇士。

新几内亚的花族人吃本族的死人，以保留一种叫作Nu的东西，他们认为这是一种在自然界中无法再生

☆ 印第安人

探索

人类

神秘现象

tansuorenleishenmixianxiang

的重要液体。甚至，即使对于嗜食同类的部族来说，吃人也并非是可以草率决定的事，而要根据所要达到的目的有所选择。根据《食物的历史》一书，对"受难者将被食用的部分，通常要经过认真的挑选，有时候仅限于很小的局部，通常是人的心脏。这个过程都要伴随着隆重的仪式。在阿兹特克人看来，吃下战俘的肉，可以获得死者的威力；作为补充，捕获者还将披上死者的人皮，将死者的双手垂在腰间，作为装饰。"而且，在很多信奉神灵的部落看来，人肉是神的食物，食人是人与神交流的形式，是进行象征性统治的一部分。

从食人者的角度来看，作为食物的人总是具有某种象征性的价值和魔力，食物是有意义的，食人能够让他们获得某种精神上的自我完善。换句话说，吃绝对不是单纯为了活下去，在任何地方饮食都是一种文化的转化，不光可以满足体力需求，还可以达到精神上的满足。

2003年，由西蒙·米德领导的科林奇科学小组对偏僻的巴布亚新几内亚高地的弗雷族人流行的一种叫库鲁病的大脑疾病进行了细致的研究。他们发现库鲁病是一种朊病毒病，很像疯牛病和克雅氏病，普遍被认为是因为当地人吃人类尸体而导致的一种病。弗雷族人自古有食人传统，直到上世纪50年代中期。当时托管巴布亚新几内亚的澳大利亚当局发布禁令后，才终止了弗雷族人的吃人习惯。科林奇小组研究了该病在弗雷族人口中的遗传效应。他们发现，大约3/4的50岁以上的弗雷妇女都在基因学上对朊病毒有抵抗能力，这种能力只能是在他们祖先世代食人的情况下才遗传进化产生的。

然而当科林奇分析了世界各地不同种族的DNA样本后，他发现不光弗雷族人有朊病毒抵抗能力，这种对朊病毒有抵抗能力的基因原来存在于各个种族中。也就是说，全世界所有的人群都有对朊蛋白病的内制抵抗力，这个事实的发现着实让每个人感到震惊。那么，我们这种抵抗力到底是如何形成的？研究者认为，最合理的解释或许也是唯一的解释那就是：通过很多的证据可以证明我们的祖先是吃人的，吃人现象曾广泛存在于早期人类社会中。然而，在我们现代文明社会中是否还有一些鲜为人知的地方存在人食人的现象，是否还存在食人族呢？我们不能完全肯定说没有，毕竟在偌大的地球上还有很多我们没有涉足的地方，要想证明的话，我们还需要足够的证据。

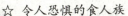

·知识外延·

肌红蛋白：肌红蛋白是由一条肽链和一个血红素辅基组成的结合蛋白，是肌肉内储存氧的蛋白质，它的氧饱和曲线为双曲线型。肌红蛋白是组成骨骼肌和心肌的主要蛋白质，当肌肉损伤时，可以从肌肉组织中漏到循环血液中，使血清肌红蛋白浓度增加，该指标用于判断是否发生肌肉损伤。

☆ 令人恐惧的食人族

千年冰人的诅咒

对千年冰人的解剖，使解剖学的发展进入一个新时代。对于千年冰人随身携带的历史古物的研究，使历史学的发展跃上了一个新台阶。对千年冰人诅咒的研究，又使现代科学蒙上了一层神秘面纱。千年冰人的出现将是人类发现史上的一大奇观。

探索人类 神秘现象 tuosuorenleishenmixianxiang

1991年9月19日，来自德国南部城市纽伦堡的赫尔穆特·西蒙与他的妻子伊利克外出徒步旅行，在意大利北部阿尔卑斯山靠近豪斯拉布约奇山口的一条冰川里，意外地发现了一具身体上部裸露于冰层外面的木乃伊。

专家们经过分析认为，这是一具古代武士的尸体，其死亡时年龄约45岁，身高160厘米，脚约38码。他是目前世界上保存最完好、历史最长的木乃伊之一。这具古尸就以被发现的地点而命名为"奥茨冰人"，"奥茨"身边的箭袋中有两支用荚木制成的箭和12支未完成的箭，已有7000年历史；其身边的斧头却属于罗马帝国时期（公元前476—27年）的酷刑时代；而他身上所穿的羊皮外套，竟然是由产自中国的山羊皮制成的。这实在是太不可思议了。科学家当初用C¹⁴测年法鉴定出的结果是："奥茨"是生活在青铜器时代的古代人。而DNA检测显示，"奥茨"的基因与阿尔卑斯山区的欧洲后裔极为相似，其出生地可能在意大利和奥地利接壤处的勃伦纳山口的一个小村庄。这就意味着，这些物品都来自与他自身不同的时空。

测试发现，这一颜色灰褐、形状

☆ 木乃伊

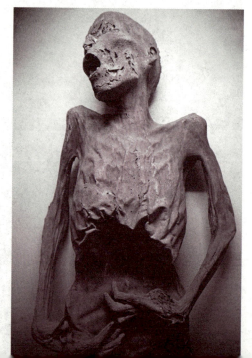

干瘪的尸体已有5300年历史，比现存最古老的埃及木乃伊还早近1000年。而且，"奥茨冰人"的衣服和随身携带的物品都保存完好。冰人尸体的保存是得益于地形环境。他死后不久，岩石凹地很快被冰雪覆盖，形成一个稳定的"袋囊"。尸体碰到冰川通常会被冰雪运动压碎或撕破，人体组织和器官会裂变成面目全非的冰块。然而，这个冰人却成了天然木乃伊。露出地面的冰人保存完好，他的眼球毫无损伤。头脑和内部器官完好无损。冰雪压力使鼻子和嘴唇变了形，左臂向上翻。这具史前尸体对欧洲青铜器时代末期的社会发展状况具有很高的研究价值。

·相关链接·

木乃伊：木乃伊即"人工干尸"。世界许多地区都有用防腐香料涂尸防腐的方法，而以古埃及的木乃伊为最著名。古埃及人笃信人死后，其灵魂不会消亡，仍会依附在尸体上，所以，他们用这种方式表达对死者永生的期盼。法老死后，均制成木乃伊。

历史学家认为这一发现意义重大，"奥茨冰人"也因此吸引了全世界的目光。一开始的时候，科学家们

认为他是在平静中被冻死的，后来，他们通过各种分析发现了他死亡时经历过战斗。"奥茨"死时大约在45岁左右，他是在逃亡中被箭射中肩膀而死的。并且从他的身上还发现了其他4个人的血迹。

2005年起，苏黎世大学解剖所研究员弗兰克·卢利的研究小组与意大利博尔扎诺考古博物馆和博尔扎诺中心医院合作，为了避免对干尸造成破坏，采用了多片式断层扫描技术对

☆ 虽然年代久远，但是尸体却保存相对完好

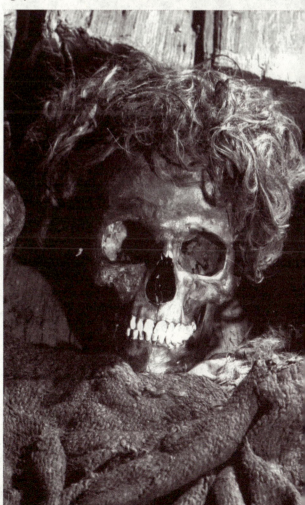

☆ 究竟在这片土地上发生了什么，或许只有这里的草木与乱石才能知晓

探索
人类
神秘现象

tansuoredeishoumixixuxing

"奥茨冰人"进行研究。研究小组对扫描照片分析发现，"奥茨冰人"左锁骨下方动脉后壁破裂，裂处有大出血引起的血肿，而这是其胸腔内的一枚箭头引起的。而此次的研究则确认，"奥茨冰人"在受箭伤后随即死亡。卢利说，"研究发现的这个动脉伤口，为查明死因起了决定性作用。"不过，"奥茨冰人"为何中箭尚无结论，但卢利认为，这可能是狩猎意外或暗杀。后来有一些与"奥茨"研究相关的人都相继去世，于是人们对"奥茨"的出现发表了很多的观点。有的人认为，对"奥茨"的发掘随意性太大，而且发掘工作也没有秩序，死亡者极有可能是因"奥茨"体内菌体感染造成的。这种观点显然很难站得住脚，冰天雪地菌体几乎很难存活。于是，关于"奥茨"的民间说法不断出现，有人声称，研究专家在"奥茨"的包中发现了魔法蘑菇，他受到魔咒保护。还有人认为，"奥茨"是一位古代的巫师。甚至有人说将"奥茨"从冰川里移到博物馆里，搅了"奥茨"的梦，他非常生气，要以一种神秘方式进行报复。可是，对于这样的说法，西蒙一点都不相信，也不害怕，他对古尸有着浓厚的兴趣。他把"奥茨"称作是他的第三个儿子。他骄傲地向人们介绍他的发现

说，"是神灵指导我发现了这个冰人。"

2006年10月，67岁的西蒙独自一人，没有携带任何旅行用品，来到他发现"奥茨"的山中，就再也没能重返家园。3周后，他的尸体被发现——他跌入90米深的山谷中摔死了。这是一个极大的讽刺，因为西蒙之死和使他一举成名的5300多年前的"奥茨"的死非常相似。然而，西蒙并不是第一个追随"奥茨"而去的人。法医雷纳尔·汉恩博士也参与了"奥茨"的发掘，是他用双手将"奥茨"的干尸放进了尸袋。一年后，有人邀请64岁的汉恩作关于发现"奥茨"的演讲，不幸的是，他在途中遇车祸身亡。

第三个死亡的是52岁的科尔特·弗里兹。他是因"奥茨"发掘而获实利较多的人之一。他组织了许多旅游团到"奥茨"的发掘地参观，却于1993年死于一场罕见的雪崩。有意思的是，弗里兹当时带着一个旅行团，可是那么多人中只有他被雪压死。"奥茨诅咒"因此越传越玄乎。

2006年，47岁的摄影师雷纳尔·霍尔兹成了"奥茨诅咒"的第四个受害者。"奥茨诅咒"的相信者认为，当年发掘"奥茨"时，霍尔兹的摄像机记录了全过程，并将这些珍贵资料独家提供给奥地利国家电视台，因此惹恼了"奥茨"的在天之灵。他

☆ 奥茨人中的岩画

☆ 这些古老的符号或图案或许正记录了当时的生活场景

将片子制作完不久即死于脑瘤，"奥茨诅咒"再度成为人们议论的焦点。"奥茨"的干尸目前存放在巴尔扎诺的南部提洛林考古博物馆的一个20厘米厚的防弹玻璃棺材里，这里的人对"奥茨诅咒"的故事非常熟悉，不过，真正相信诅咒会应验的人并不多。

当地居民卡塞琳娜·赫瑟尔说："在'奥茨'被发现后的14年里，与他有关的人中确实有6人已经死亡，但这又能说明什么问题呢。与这具木乃伊接触过的人超过了150人，除那6名已经谢世的人外，其他人全都健康地活着，生活完全正常，有的肯定还会很长寿。如果'奥茨诅咒'真的那么灵验的话，对其他人的情况你作何解释？"

那么，那6个人的死亡会不会不是"奥茨诅咒"的结果呢？对他们的死因逐个进行分析，我们不难发现，除了西蒙是意外死亡外，其他几个人的死都是正常死亡。斯宾德勒教授死时

探索
人类
神秘现象

taosuorenleishenmixianxiang

的年龄是奥地利男性预期寿命的90%，而死于车祸、脑瘤在现代社会是很平常的。只有西蒙的死有些异常。据奥地利高山营救人员讲，每年死于恶劣天气的人也就是一两个，他们也承认，在那个时候出现大雪是非常少见的。但是，西蒙死亡最重要的一个原因是他迷了路。专家们认为，这是登山的大忌，不该把西蒙的死因联系到"奥茨"身上。

"奥茨"身边的箭袋中两支用荚木制成的箭和12支未完成的箭，它们已有7000年历史；其身边的斧头却属于5000年后的罗马帝国时期的酷刑时代；而他身上所穿的羊皮外套，竟然是由产自中国的山羊皮制成的。他身上所携带的这些物品跨越时空，这又如何解释呢？总之，千年冰人就是一个充满了奥秘的木乃伊，在他的身上我们可以发现很多让人难以解开的谜，我们期待着"奥茨"之谜在科学家们的多方面努力下早日水落石出。

·知识外延·

史前：史前是指没有书面记载的远古。在国内包括早期猿人、晚期猿人、母系氏族，以及有关三皇五帝的传说史，直到最后建立夏朝。这时期时间的跨度最大，从约170万年前到公元前21世纪。

复活节岛的 "长耳人"

复活节岛一直被人们称为"神秘之岛"，它给人们带来了很多悬疑，备受人们的关心和议论，引起了人们很大的兴趣。复活节岛的"长耳人"是科学家们长期进行研究的案例之一。

复活节岛位于东南太平洋上，在南纬27°和西经109°交会点附近，面积约117平方千米，它离南美大陆智利约3000千米，离太平洋上其他岛屿距离也很远，所以它是东南太平洋上一个孤零零的小岛。

这个东南太平洋上孤零零的小

☆ 复活节岛上的雕像

☆ 仿佛受阅一样的复活节岛石雕像

探索

人类 神秘现象

Tansuorenleishenmixianxiang

岛，现在已引起世界许多人的兴趣和关注。从发现这个小岛起，许多问题便成了人们议论、关心的热点。复活节岛被世界上许多人称为"神秘之岛"，有很多解不开的谜，科学家们对它进行了长期研究，都得不出一个科学的、一致的解释。其中，岛上的"长耳人"也是一个未解之谜。

复活节岛的神话和传说没有提到霍多·玛多阿来到之前的土著是什么样子，但岛上的毛阿依·卡瓦卡瓦小雕像却有可能使人们看到复活节岛早期居民的容貌。毛阿依·卡瓦卡瓦是一个男性木头小雕像，只有30厘米高，雕像上的人身体消瘦，肋骨外突，腹部凹陷，长着长耳朵，留有一把山羊胡子。至今，这些用光滑坚硬、闪闪发光的托洛米洛木制成的小雕像还保存在一些国家的博物馆中。这些小雕像是谁雕刻的？它又代表什么呢？人们对此有不同的说法。有人认为，它表现的是经过漫长而又艰难的海上航行后到达复活节岛的最早居民，但复活节岛人却加以反对。因为岛上的神话中说，第一批迁移者的身体都很健壮，而且又带着足够的食品，因此，他们的身材不会那么消瘦、矮小。也有人认为，这些木雕像是些木头傀儡玩具和为死人雕刻的纪念像，雕像上的人物那消瘦的面容和颈部肿大的甲状腺，表明了他们内分泌严重失调，而鹰钩状的鼻子、张露的牙齿和异常的脊椎骨，又表明是某种光线的强烈照射造成的。除了毛阿依·卡瓦卡瓦小雕像外，岛上还有其他许多小雕像。有一个身体消瘦的女性小雕像叫毛阿依·帕阿帕阿，它也有着一小撮山羊胡子，酷似男性小雕像。此外，还有长着两个头的毛阿依·阿利思加小雕像以及人身鸟头的坦加塔·玛努人鸟像，还有鱼、鸟等许多动物的小雕像。

·相关链接·

甲状腺：甲状腺是人体最大的内分泌腺体，呈薄薄的一层，位于甲状软骨下紧贴在气管第三、四软骨环前面，由两侧叶和峡部组成，平均重量大约20克～25克，女性略大略重。甲状腺后面有甲状旁腺4枚及喉返神经。血液供应有上下左右四条动脉，所以甲状腺血供较丰富，腺体受颈交感神经节的交感神经和迷走神经支配。

几乎岛上每个居民家中都有这些独特的木雕像。从雕像上可以看到，岛上的早期居民有着一对长长的大耳朵。岛上的许多传说都讲到"长耳人"哈纳乌·耶耶彼和"短耳人"哈纳乌·莫莫科，讲到"长耳人"雕刻了巨大的阿胡和石像、"长耳人"和"短耳人"之间的战争，以及"长耳人"在壕沟中死去的情景。

那么"长耳人"又是什么时候来到复活节岛上的呢？传说中对此说法不一。有的说他们比霍多·玛多阿来得早；有的说他们是一起来的；还有的说他们比霍多·玛多阿来得晚。但不管怎样，石像和阿胡都是他们遗留下来的雕刻作品。一位研究者曾有幸亲眼目睹了科学家同复活节岛人为此而进行的一场激烈的争论。著名旅行家基利莫齐对复活节岛的古昔往事很了解，他断言，新的"长耳人"是同霍多·玛多阿一起来的，但另外的人却反对，说他们不是同霍多·玛多阿一起来的，而是稍后同一位名叫图乌科·依霍的首领一起来的。但究竟是怎么回事无人知晓。

那么，"长耳人"又是谁呢？据了解，复活节岛人向来就有把耳朵拉长的习惯。罗格文海军上将的同行者别列恩斯特看到，某些岛民的耳垂一直拖到肩部，还有的人耳垂上挂着特别的耳饰——白色的圆饼形耳饰。值得一提的是与复活节岛相距数千千米的美拉尼西亚人也有这种习俗，南美印加人的神也有长耳垂，马克萨斯群岛古代居民的耳垂也很长。但是这种把耳垂拉长的习惯又是从哪儿来的呢？

探索
人类 神秘现象

tansuorenleishenmixianxiang

☆ 复活节岛"长耳人"之谜悬而未解，或许那长耳也在等待人们道出其中的奥秘

公元938年，在印度迈索尔完工的一座30米高的花岗岩石雕像——戈麦捷什瓦拉，比复活节岛的最大雕像还要大，其耳垂一直拖到肩上，是一位名副其实的"长耳人"。印度南部著名的水彩壁画和马哈巴利普拉罗庙宇的壁画以及浮雕上的所有人物，也都是些"长耳人"，长长的耳朵上还悬挂着各种耳饰。在印度，长耳是佛的特征之一，所有的菩萨塑像都有着长长的耳垂。

在印度，不仅佛有长长的耳垂，而且诸神也是长着"长耳"的。在离孟买不远的象岛上，有一座洞穴庙宇，庙宇里的印度三大主神——大梵天、毗湿奴和湿婆，都有长长的耳朵。大量的化身、佛教中的导师、圣徒和教会中的人物，甚至连凶神恶煞也都有着长耳朵。东南亚各部族也有把耳拉长的习惯。因此也有不少人认为，很可能波利尼西亚和复活节岛的祖先就是从印度那儿迁居来的。但这并没有什么证据可供参考或证实，仅仅是一个大胆的猜测而已。

复活节岛上的"长耳人"有很多没有被解开的谜，对此，科学家们作出的推断也仅仅是一种猜测。复活节岛就像一个弥漫着迷雾而又深不可测的迷林，它充满了如此众多的引人入胜之谜，吸引着人们去探索。

·知识外延·

湿婆：湿婆是印度教三大神之一——毁灭之神，前身是印度河文明时代的生殖之神"兽主"和吠陀风暴之神鲁陀罗，兼具生殖与毁灭、创造与破坏双重性格，呈现各种奇谲怪诞的不同相貌，主要有林伽相、恐怖相、温柔相、超人相、三面相、舞王相、璃伽之主相、半女之主相等变相，林伽（男根）是湿婆的最基本象征。

到处流浪的吉卜赛人

吉卜赛人自称罗姆人，全世界约有人口500万～1000万，其中大多数人居住在欧洲。据考证他们可能是因为遭到突厥人的入侵而于10世纪自印度迁出，现在流浪于世界各地，大部分集中在东欧。自古以来，他们过惯了不断迁徙的生活，因此，人们对吉卜赛人的原居地颇为迷惑。

吉卜赛人属欧罗巴人种地中海类型。他们肤色黝黑，头发黑而卷曲。宗教信仰受所在国周围民族的影响，但保留着许多本民族古代的信仰。他们使用吉卜赛语，属印欧语系印度语族，吸收了不少希腊语、埃及语、土耳其语词汇。吉卜赛人的传统社会以血缘为纽带，长期保持部落组织，由酋长掌握司法大权。吉卜赛人妇女多从事占卜和巫术，能歌善舞；男子多以铁匠、贩马、乐手等为业。一般禁止与外族通婚。

可能是因为吉卜赛人特殊的生活习惯以及宗教信仰，长期过着流浪生活，他们比犹太人更受歧视和排斥，处于社会底层。17世纪的欧洲许多国家干脆驱逐吉卜赛人，用火烧他们，甚至在他们喝的水里下毒。在罗马尼亚，一些吉卜赛人被当成奴隶一样买卖。几个世纪的迫害与歧视在二战时的大屠杀中达到顶峰：近50万的吉卜赛人和犹太人一起死在希特勒的纳粹

☆ 吉卜赛妇女

☆ 被迫充当苦役的吉卜赛人集中营。

探索
人类
神秘现象

tansuorenleishenmixianxiang

·相关链接·

　　希特勒：阿道夫·希特勒，奥地利裔德国政治人物，1921年成为纳粹党党魁，1933年被任命为德国总理，1934年成为德国元首。第二次世界大战期间，他兼任德国武装力量最高统帅。他被公认是二战的主要发动者。在二战前期，德国及其他轴心国占领了大部分的欧洲、北非、东亚及太平洋诸岛屿。然而1942年之后，盟军开始反攻，德军渐居劣势。1945年

德国战败，他的下落成为历史之谜。

　　从20世纪60年代起，吉卜赛人通过自己的组织开展斗争，迫使所在国政府承认其政治经济权利，生活状况逐渐有所改善。据统计，定居者已占人口总数的3/4，定居后大多受当地文化影响，社会、经济、语言均已发生变化，通用所在国语言，有的甚至已与异族通婚。

　　据说，目前还有300万~600万吉卜赛人散布在世界各地。他们四处流浪，没有固定的家园，通常过着不断迁移的生活。他们有的成群结队，坐着颠簸的大篷车；有些乡下的吉卜赛人干脆把衣

物和孩子背在背上，步行前进。他们的理想是充分享受漫步的自由和快乐，在无尽的星光下安然入梦。

人们对这个神秘的民族产生了无穷的兴趣：他们来自何方？哪里曾是他们的故乡？关于这个问题，至今还是个谜。有人认为，吉卜赛人的故乡在埃及，因为英语"吉卜赛"便是"来自埃及"的意思。这种说法主要源于两个民间传说。一个是在公元1世纪，罗马帝国的统治者为了彻底消灭基督教，命令一位埃及铁匠打造铁钉，决定把耶稣钉死在十字架上。但铁匠拒不从命，于是罗马统治者恼羞成怒，下令把他驱逐出境。于是，一大批信仰基督教、同情耶稣的人和这

位铁匠一起离开埃及，到异乡流浪，他们便是吉卜赛人的祖先。另外，据法国人记载：1427年冬天一些吉卜赛人来到巴黎，他们自称祖籍在埃及，原来信仰基督教，后来因为阿拉伯人入侵，被迫改信伊斯兰教。这种行为引起了当时欧洲有权势的基督教徒的不满，在他们看来这是背弃上帝。后经欧洲统治者协商，决定除非有教皇批准，吉卜赛人不得在国内拥有土地，并勒令他们到罗马教皇那里祈求宽恕。后来教皇又要求他们必须在欧洲流浪7年，途中不得在床上休息，以表示对上帝的虔诚和忏悔。从此，原

☆ 自由安稳的生活一直是吉卜赛人所期待和向往的

本已失去家园的吉卜赛人再次离开了他们的立足之地，过上了到处漂泊的流浪生活。

但是，更多的人相信，吉卜赛人来自印度。德国学者鲁迪格·格雷尔曼和英国学者布赖恩通过比较发现，吉卜赛方言中的许多词汇和印度梵文以及印地语非常相近，因此，他们判断吉卜赛人的祖先很可能居住在印度。后来学者们又作了进一步研究，在研究吉卜赛人的社会制度、文化习俗和生活方式时，发现这些与早先居住在印度的多姆人很相似。比如他们都以卖艺为生，没有固定的职业，大多数人能歌善舞，精通占卜术，并有制造金属器皿的技能。还有，他们使用的风箱简直一模一样，都是皮革做成的两个口袋。由此断定，吉卜赛人

应该是多姆人的后代。但他们为何远走他乡、浪迹天涯就不得而知了。

那么，究竟吉卜赛人来自何方？哪里是他们的故乡？科学家们目前也都见解不一。要解开这些谜团，还有待科学家们的进一步深入研究。

探索
人类
神秘现象

Tansuorenleishenmixianxiang

☆ 和无数谜团一样，究竟吉卜赛人来自哪里、哪里才是他们的家乡等疑问有待后人继续探寻

·知识外延·

罗马教皇的由来：按照天主教会的传统说法，耶稣基督的第一个门徒彼得乃众门徒之首，他于传教过程中去罗马担任了罗马教会的第一任主教。从此，罗马主教均为伯多禄的继位人，其地位因而也在其他主教之上。这便是"教皇制"的由来。所以，"教皇"的全称为"罗马教区主教、罗马教省都主教、西部宗主教；梵蒂冈君主、教皇"，亦称"宗徒彼得的继位人""基督在世的代表"等。现代亦用来指某一思想、组织的精神领袖。

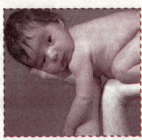

第四章

奇闻怪事

　　人体会发光、会自燃，人的内脏会长错位置，人的眼睛会录像……我们还应该从哪些方面去认识我们自己呢？在人类自身还藏有多少个待解的谜团呢？

发光的人体

夜晚萤火虫会发出一闪一闪的光芒，非常漂亮。其实人体也会发光，而且是每个人都会发光。这一现象受到了全世界众多科学家们的广泛关注。

早在1911年，英国一名医生华尔德·基尔纳在采用双花青染料涂刷玻璃屏时，就首次意外地发现了在人体周围环绕着宽约15毫米的发光边缘。之后不久，苏联科学家西迈杨·柯利尔通过电频电场的照相术把环绕人体的明亮而有色的辉光拍摄了下来。于是，这一有趣的发现受到了全世界众多科学家的广泛关注。20世纪80年代后，日本、美国等相继使用先进高科技仪器对"人体辉光"进行研究，试图把"人体辉光"之谜公之于众。日本新技术开发事业团利用可以用来检测微弱光的光电子倍增管和显像装置所拥有的世界上最高敏感度，成功地实现了对"人体辉光"的图像显示，并把这种辉光称为"人体生物光"，他们还把这一科研成果应用到医学研究上去。他们对从1岁婴儿到80岁老人共30位病人志愿者进行了生物光测试，最后的测试结果表明，甲状腺功能衰退者、甲状腺切除者及正常人在夜间睡眠时，在新陈代谢减缓的同时，其生物光强度也会同时减弱。

日本医学界认为，通过对人体生物光检测，我们可以得出人体能如实地反映新陈代谢的平衡关系，而且可以通过光的变化来测定病人新陈代谢的异常和人体内在节律的结论。

1929年，苏联工程师基利安夫妇将被摄物体置于一个由高频高压发生器产生的电场中，通过研究发现活的人会以一定的节奏发出彩色的光环和光点；而当一个人死亡一段时间后，光环也便随着消失。人体某些部位比起周围区域发出的光要强，而这些正好与中国古代经络理论中的741个针灸穴位相吻合。基利安夫妇的发现在世界上引起轰动。

每个人都有辉光，一般人所发的辉光只有20毫米左右，通常由于我们处在正常环境与条件下，所以不易被人眼睛看到。但是练功者，特别是练功有素的气功师进入气功状态时，常从百会穴、劳官穴、印堂穴等多处穴位发出一般常人看不见的光，甚至在头顶出现一些光环、光柱，身体周围也可以出现一些光环等。他们所发出的辉光随着功力变强也逐渐变亮，当他们达到一定功力时，辉光在黑暗处可显现为可见光，这时一般人用眼睛就可以看到。

现在，各国医学专家们对"人体辉光"的研究正日益深入。专家们试验将其应用到医学上，甚至还有人提出更加大胆的设想，打算把它应用到保健上，如在家庭中设立"辉光档案"，通过电脑监测装置进行"遥控保健咨询"。另外，人体会随着大脑活动的变化而发出程度不同的辉光，根据人体辉光的这个特征，有人想把它应用到犯罪学上，譬如在对犯人进行审问时可以测出该罪犯是否说谎等。

到目前为止，科学家们已经对"人体辉光"的成因做了大量研究，并且提出了不少猜测。有人认为，这是人体的密码；有些科学家则认为，"人体辉光"是自然界一切生命的现象，是好像空气一样的复合物；还有人说这是一种由水汽和人体盐分跟高电场相互反应的结果。总之，众说纷纭，各持己见。但"人体辉光"终究还是个没有解开的谜，它确实以其特殊的魅力吸引着众多的科学家为之探索。

·知识外延·

犯罪学概念：犯罪学是一门以犯罪现象为研究对象的学科。广义上还包括专门寻找犯罪行为出现的实际原因，以提供一个方法减轻犯罪行为对社会的影响。在我国大陆地区，犯罪学隶属于法学，属刑事法学方向。

☆ 相信很多人都不知道，其实每个人都会发光的，只是轻易不被察觉罢了

可怕的人体自燃

我们经常听说有的人会在不经意间被莫名其妙地燃烧后化为了灰烬，而死者周围的一切却非常整齐，丝毫没有改变的痕迹。科学界把这种现象称为人体自燃现象。那么，为什么人体会突然燃烧起来呢？

人体自燃现象，是指一个人的身体在并没有与外界火种接触的情况下而自行着火燃烧的现象。这种不可思议的现象，最早见于17世纪的医疗报告。

1673年，巴托林做了一份关于人体自燃的记录，这个早期最有充分证据证明人体自燃记录的是巴黎一个贫苦妇女。一天晚上她回家上床睡觉后，夜里自燃而死。次日早晨人们发现，她只有头部和手指遗留下来，身体其他部位都燃烧为灰烬。根据这次自燃事件，法国人雷尔在1800年发表了第一篇关于人体自燃的论文。

19世纪初，有些人认为这种灾难只是降临到一些特殊人群身上，比如过度酗酒、肥胖和独居的妇女。可是后来的众多事例证明，受害人男女性别比例大致相等，年龄从婴儿到114岁各种年龄段都有，而且有好多例是在毫无火源的情况下自行无故燃烧的。

1951年7月，佛罗里达的圣彼得斯堡发生的一起人体自燃事件是记录最详尽的一次。当天傍晚，67岁的玛丽夫人的儿子在离开房间时还看见母亲很好地坐在舒适的软椅上，可是不到12个小时，他儿子来到母亲房间，却见到了极可怕的景象：闷热的屋子里，母亲和椅子都没有了，地面上有几块烧得变形的发卡，表明那儿曾是一堆头发，剩下的只是几小块焙干的椎骨，一块缩成棒球大小的头骨和一只完好无缺的左脚。离尸体很近的报纸和几英寸以外的一块亚麻布却无燃烧的痕迹。这下，儿子才明白原来母亲已经被一场莫名其妙的大火烧死了。在美国费城有一位63岁的寡妇，叫安娜·马丁。1957年5月18日，她在一间没有火源的房里化为灰烬，只剩下鞋和少部分躯干。法医说达到这种程度，温度至少要高达 900℃～1000℃。然而炉子是熄灭的，屋内的全部物品，包括离死者仅有半米远的报纸都完好无损。以后不长的时间内，法国、英国、意大利都有过引起轰动的人体自燃现象实例。1976年12月27日，拉哥斯市一户7口之家，竟有6个成员无故被烧死，这桩案子成为当时最难解释的谜。据现场调查显示，该木房一切物件完好无损，连被褥也整齐地放在床上，但从被焚死者的严重程度来看，房中一切应荡然无存。

·相关链接·

法医：法医是司法机关中运用医学技术对与案件有关的人身、尸体、物品或物质进行鉴别并作出鉴定的专门人员。中国古代称官署中负责检验刑事伤害和尸体的吏役为仵作。在中国，担任法医鉴定人一般是公安、司法机关的专职医生，也可以是受司法机关委托、聘请的高等院校法医学教师或具有法医学知识的医师。他们必须与案件无利害关系。法医鉴定人进行检验、鉴定后，应作出鉴定结论。用作证据的鉴定结论应告知被告人。

从种种案例发现，人体自燃死的人有一个共同的特点，那就是身体没有和外部火焰接触，内部自发燃烧，化为灰烬，而周围的一切可燃性物品

☆ 对每个人来说，火的燃烧都是司空见惯的事，但是相信对于"人体自燃"就知道得很少了

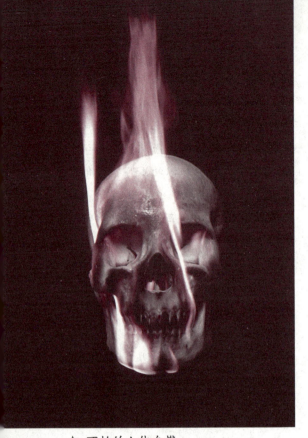
☆ 可怕的人体自燃

都还保持原样。

　　17世纪，欧洲一些医学专家认为引起这些怪异燃烧案例的罪魁祸首是死者酗酒后体内的大量酒精造成的，但如果真是这样，那么身体应该是从里面开始燃烧。

　　如果体内缺氧，自燃是不会发生的。最近出现了一种相对合理的解释，被称为烛芯效应。有时，最离奇的谜题有着最平凡的谜底。科学家认为，我们可以把一个穿着衣服的人设想为里外反转的蜡烛，衣服是烛芯，人体脂肪是蜡油。即便是很小的火苗也可能会穿透皮肤，点燃脂肪，而后

慢慢的、持续的燃烧。法国生物学家马克用一块布和一块猪肉演示了这种效应。猪的脂肪与人类的脂肪十分相似。如果条件符合，脂肪和布就会像蜡烛一样，烧到几乎什么也不剩。烛芯效应几乎是个完美的答案，它证明了人体自身就有燃料源，只要环境条件符合，人体就可以自我毁灭。然而有两点疑问是烛芯效应未能回答的：用猪肉做实验时，常会留下不少完整的骨头，而在被认为是人体自燃的事件中，骨骼多半都化为灰烬；另一个疑问是它并没有解释在火源不存在的情况下，是怎么燃烧起来的。

　　人类学研究生安吉·克里斯滕森潜心研究人体自燃现象，一心想攻克这个问题。安吉发现，人体自燃的受害者与最容易患骨质疏松症的人群的基本情况非常相近。而骨质疏松的人骨在火葬时更容易被烧尽。烛芯效应理论也解释了这些案例中的一个怪诞现象：为什么腿脚常常完好无损？脚和小腿上的脂肪很少，而且通常没有被布料包裹——也就是说，没有燃料，也没有烛芯，燃烧的现象是很难发生的。

　　尽管好多警察、消防队员、纵火案件专家、病理学家都提出不少证据，但目前还没有一个合理的生理学论据来证明人体何以自燃甚至化为灰烬。我们都知道，一般情况下，人体的器官组织和骨骼只有在900℃~1000℃的高温下才

有可能烧成灰烬，可是自行燃烧又是怎么达到那么高的温度的呢？这的确不可思议。

面对这种奇怪的现象，有人认为可能是人体内的磷积累过多，发生了"发光的火焰"。但是新近的一种解释是，人体内可能存在一种比原子还小的"燃粒子"，可以引起燃烧。还有人认为，人类体内有某种天然的"电流体"，它能造成体内可燃性物质的燃烧，以至造成高度可燃性物质结构的"体内分解"。此外有人进行更加大胆的猜想，他们提出其他诸多的自燃因素。如流星燃烧、闪电电击、体内原子爆炸、激光束强烈照射、地磁能量冲击等，但这些情况会在什么样的条件下发挥作用，形成自燃呢？对此，科学家们也没有找到合理的解释。

总之，人体自燃现象目前仍是一个难解之谜。

·知识外延·

骨质疏松症分类：骨质疏松症可分为三大类。

第一类为原发性骨质疏松症，它是随着年龄的增长必然发生的一种生理性退行性病变。该型又分2型，Ⅰ型为绝经后骨质疏松，见于绝经不久的妇女。Ⅱ型为老年性骨质疏松，多在65岁后发生。

第二类为继发性骨质疏松症，它是由其他疾病（如肾衰竭，过量甲状腺荷尔蒙或白血病）或药物（如类固醇）等一些因素所诱发的骨质疏松症。

第三类为特发性骨质疏松症，多见于8～14岁的青少年或成人，多半有遗传家庭史，女性多于男性。妇女妊娠及哺乳期所发生的骨质疏松也可列入特发性骨质疏松症。

☆ 究竟是什么引起人体自燃，到目前依旧没有一种最科学的解释

难以置信的"镜面人"

每个人的内脏都各就各位，各司其职，然而有一些例外，一些人的内脏却长得与常人相反，医学上称其为"镜面人"。对镜面人的研究，将帮助医学家在攻克人体生理病变方面有新的突破。

每个人的内脏都是有固定的位置的，左心房，右心室，各司其职。然而，有些人却奇怪得很，体内所有的内脏都长得左右相反。医学上把有这种奇怪现象的人叫做"镜面人"。

36岁才知道内脏长反了

因为总咳嗽，迟大妈到医院检查。检查中，医生听诊时发觉不对劲儿，就反复听，发现迟大妈的心脏长在右面，是右位心。在做胸透检查时，又发现迟大妈的两个肺叶也和别人不一样，左右是反的。当时是20世纪50年代，医疗条件并不先进，迟大妈的家境也不是很好，她没有再进行其他检查，只知道自己的心肺长得和别人的相反。后来，在36岁那年，迟大妈患了阑尾炎需要做手术，医生在做检查中发现她的所有脏器全都长反

了，包括心、肺、胃、肝、脾、肠等内脏，她这才真正知道原来自己是一个"镜面人"。

·相关链接·

胸透：胸透全称荧光透视，为常用X线检查方法。它是利用X线具有穿

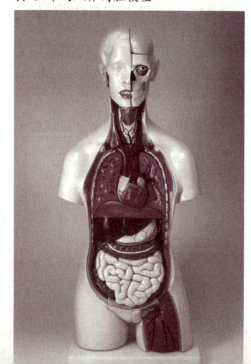

☆ 正常的人体内脏模型

透性、荧光性和摄影效应的特性，使人体在荧屏上形成影像，由于人体组织有密度和厚度的差别，当X线穿透人体不同组织时，X线被吸收的程度不同，所以到达荧屏上的X线量就有差异，形成黑白对比不同的影像，为医生的诊断提供依据。

父母家人都很正常

自从患上肺结核后，迟大妈的身体一直不太好。40岁那年，她有了第二个儿子，看着健康的宝宝，迟大妈高兴极了。开始时，她害怕孩子也像自己那样是个"镜面人"，但经过检查，孩子一切正常，这下迟大妈算彻底放心了。后来，她的父母等家人也都做了检查，他们都很正常。

出现几率约为百万分之一

主刀医生在为迟大妈做手术时，时刻想着病人的脏器是反方向的，平时可以30多分钟结束的手术，这次用了1小时20分钟。据医生介绍，"镜面人"的心、肺、胃、肝、脾、肠等内脏全部长反了位置，就像正常人在镜子中的影像一样。"镜面人"的出现几率约为百万分之一，极为罕见。虽然五脏六腑全部错位，但只是内脏位置发生变化，相互之间的关系并未改变，因此"镜面人"的生理功能与正常人一样，对人的健康、生活都没有太大影响。有医学专家认为，"镜面人"是在人体胚胎发育过程中，与父母体内基因的一个位点同时出现突变有关，因为这种突变是隐性遗传，所以遗传的几率很低。但目前，医学上对"镜面人"现象的成因还没有科学定论，我们期待早日解开"镜面人"现象之谜。

·知识外延·

隐性遗传：所谓隐性遗传是指父母携带某种基因但不发病，其基因遗传给后代后则使其发病。常染色体隐性遗传性多囊肾就是如此，其上代携带此基因，但终生没有多囊肾的表现，其子代通过遗传而获得此种基因后则发病，且在初生及婴儿期（有些甚至是胎儿时期）即表现出很严重的症状。

☆ 医生在为患者诊病

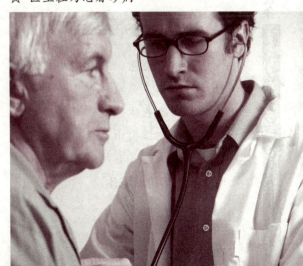

黑白连体婴儿

连体婴儿的出现给医学界带来了很大的难题，因其出现概率低，且成因复杂，做分离手术时也有一定的困难，对医学界是一种严峻的考验。然而在连体婴儿中出现半白半黑的现象就更为少见，其成因也更加复杂。"黑白棋子"连体婴儿的研究将把现代医学的发展提升到一个新的高度。

连体婴儿是怎么形成的呢？一般解释说，同一个受精卵分裂成两个胚胎细胞时没有完全分裂开，就会形成连体双胞胎，这一般发生在怀孕的最初两周。两个胎儿具有相同的染色体核型、性别、血型、毛发颜色、指纹等。连体双胞胎绝大多数为女性，男性较少。非洲赞比亚的一个黑人妇女，其丈夫是黄皮肤的中国人，她生下了一对连体女婴，她俩的肤色却是一黑一白，令接生的医生大吃一惊。

·相关链接·

染色体：染色体是细胞内具有遗传性质的物体，易被碱性染料染成深色，所以叫染色体。其本质是脱氧核甘酸，是细胞核内由核蛋白组成、能用碱性染料染色、有结构的线状体，是遗传物质基因的载体。

产妇21岁，名叫卡菲，与开设华侨餐馆的丈夫美·李结婚之后，她便怀孕生下一对连体女婴，这对女婴头顶相连，肤色一黑一白，形成鲜明的对比。这对女婴白皮肤的叫苏菲亚，黑皮肤的叫杜芦荻。医生对两个女婴进行了体格检查后，确认虽然这对女婴头顶相连，但都很健康，而无论她们的长相还是性格都无相似之处。医生建议当她们长大以后可以做人体分离手术，她们的肤色却永远无法改变。这对连体女婴刚出生不久就备受

☆ 健康的宝宝

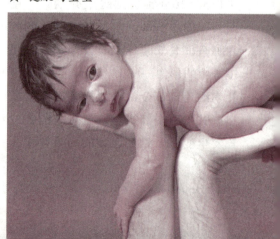

探索
人类
神秘现象

tansuorenleishenmixianxiang

媒体的关注，各大报纸对此作出了报道，很快她们就成了大街小巷议论的话题。由于她们生来一黑一白，看起来像是围棋里的黑子和白子，所以有的媒体很幽默地给这对连体女婴起了个形象的名字叫"棋子婴儿"。

医学界也对这对连体女婴十分好奇，医生们准备对这对女婴进行全面检查，从而找出连体女婴产生不同肤色的原因。在孪生儿方面颇有研究的专家说："孕妇只有一颗卵子受孕，它不可能分开后形成两个受精卵。也就是说一个女人不可能与一个男人性交受精后不久，另一颗卵子又和另一个男人性交后受精。而且一般连体婴儿具有相同的染色体核型，两人应该各方面一样，但这对连体女婴的肤色却产生鲜明的差异，这可是前所未闻

的。"黑白连体婴儿现象的出现究竟出于何因，还是一个无人知晓的谜团，有待于医学界的进一步研究。

·知识外延·

连体人：连体人是一种极为罕见的妊娠现象，它是由单独的一个受精卵分裂而成。与正常的单卵双胞胎妊娠过程不同的是，受精卵在最初两星期内没能完全分离，局部分离的受精卵继续成熟，结果便形成了一个连体的胎儿。这一般发生在怀孕的最初两周左右，两个胎儿具有相同的染色体核型、同一性别，血型、毛发颜色、指纹等均相同。每10万次怀孕中约有一例发生，大多数连体胎儿死于胚胎期，分娩成功率只有1/20万。

☆ 不同肤色的宝宝

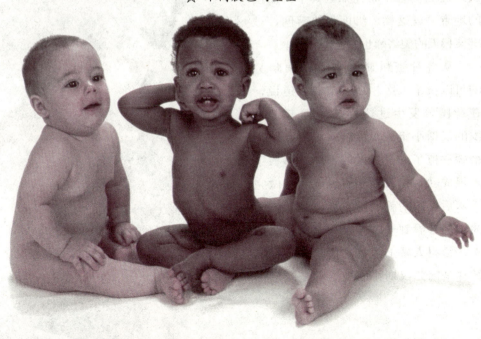

能"录像"的眼睛

据说我们的眼睛具有"录像"的功能，当人死后眼里会留下最后一瞥的影像。如果死者是被人害死的，罪犯的形象就会被死者的眼睛记录下来，正是这最后眼睛里的记录能帮助警方顺利快捷地把罪犯捉拿归案。难道人的眼睛真的有"录像"的功能吗？

1995年，西班牙富商纳加恰乌的女儿美洛娣在上学途中被绑匪劫走，绑匪要勒索1000万美元。富商要求绑匪拍摄女儿的照片，以证实其仍然活着。后来他把收到的照片交给警方，经专家将照片上美洛娣的眼珠放大，果然显出绑匪的模样。警方一看就认出这是名惯犯，而且知道其平常出没的地点。就这样，绑匪很快落网，被绑架12天的美洛娣也安全回了家。

从各种资料显示来看，眼睛真的可以留下人影。1996年有报道说，在德国曾发生过这样一件趣事：24岁的汉斯小姐被车撞瞎双眼后，医生给她移植了一个男人的眼球。移植手术很成功，但汉斯小姐说她自从做完手术后，眼睛就能够"放电影"。因为她经常看到一个胖警察追来，踢倒人，给犯人戴上手铐的情景。医生的解释是因为汉斯小姐换上的是死刑犯

的眼球，而死刑犯的视神经细胞是鲜活的，他死前见到的影像印在视网膜

☆ 医生在检查患者的眼睛

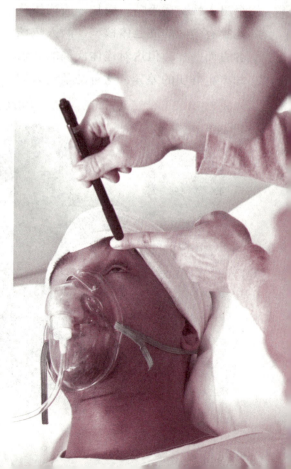

上，经过3个月，图像就可消除，一切就会正常的。从常理推论，不可能有"放3个月电影"的眼睛。如果说眼睛确实是"录像机"的话，那这录像带就一定是视网膜了。

·相关链接·

视网膜：视网膜居于眼球壁的内层，是一层透明的薄膜。视网膜由色素上皮层和视网膜感觉层组成，两层间在病理情况下可分开，称为视网膜脱离。色素上皮层与脉络膜紧密相连，由色素上皮细胞组成，它们具有支持和营养光感受器细胞、遮光、散热以及再生和修复等作用。

古希腊人以为能"抓住"影像的是晶状体，视网膜被认为是营养晶状体和传达"视觉精神"的工具。直到16世纪，瑞士解剖学家才提出：晶状体的作用只是接收和折射光线，并把光线传到视网膜上去。1604年，德国天文学家开普勒也提出视网膜有"涂绘"所看到的形象的功能。但是，这些毕竟还是推论，还必须拿出更可靠的证据来。终于，这问题的秘密第一次由神职人员史钦纳解开了。他把眼球后面许多不透明的结构一层一层地剥去，后来真的在视网膜上发现了"录像"——是死者在死前一刹那间所看到的事物。然而这些

"录像"是模糊的，而且极易消失。到19世纪后期，有人用化学物质使最后看到的"录像"暂时固定在视网膜上，至此人们才普遍接受眼睛能"录像"这种看法。

德国科学家科伦曾用鸽子做实验。在阳光下，先让鸽子的眼睛对准窗格，然后立即把它杀死，解剖后，果然在视网膜上发现了窗格的"录像"。据说国外有些侦查人员已能利用被害人视网膜上的图像跟踪追击，从而把杀人凶犯捕获归案。

虽然，我们已经证明了眼睛会"录像"，但是，为什么汉斯小姐换

☆ 眼部特写

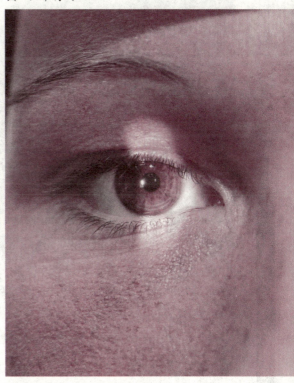

了死刑犯的眼球之后，死因的"录像"内容会在眼球里存留3个月之久呢?这简直不可思议。因此，对于眼睛可以录像的原因，还得经过科学家的进一步研究才能彻底解开这个谜团。

☆ 曾经的"鸽子实验"证实了眼睛具有"录像"功能，但是这个奥秘还有待于进一步的科学研究

第五章

奇人超人

能在空中飘浮，有火眼金睛，可以投胎转世，能与动物对话，会放电、喷火，拥有超强磁力……这不再是神话传说中的"神人"才有的能力，现实世界中的一些人就有此特异的功能。

飘浮在空中的人体

人体空中飘浮术确实存在，却不是每个人都能做到。当这些"超人"升空后，其思想进入了浑然忘我的状态。那么他们是怎么飘浮在空中的呢？怎样达到忘我境界的呢？当今为世人所了解的4种力量：重力、电磁力以及两种核力都不能使人飘浮，难道还有第五种力量吗？这第五种能使人飘浮的力量又是什么呢？

人能够在空中飘浮起来，那简直是太不可思议了，这种景象只有在神话故事里才会有。然而，在我们现实生活中也有人体飘浮的事情发生。在印度北方的边远山区有一个叫纳米罗尔的村子，村子里有一位修炼了40多年瑜伽功的老人，名叫巴亚·米切尔。据说他的身体能在山林上空飘浮，如同仙人。美国物理学家卡莱曼思教授听到此消息后，非常感兴趣，就与印度著名的生物学家辛格·米巴尔教授、人体功能学者雷曼尔博士以及美国《科学与生活》杂志的记者等一同去这个极其偏僻的山区拜访这位"超人"。卡莱曼思教授一行人到达后，拜会了巴亚·米切尔。这位老人长着浓密而长的银色头发和胡子，眼神十分锐利，俨然一副哲学家的风度。他能讲一口流利、纯正的英语。当卡莱曼思教授问巴亚·米切尔能否

展示一下"超人"的功能，飘浮升空时，老人没有半点迟疑地欣然答应了，并请来访者在第二天早晨太阳升起时，在他独自居住的茅舍门前观看。

·相关链接·

瑜伽："瑜伽"这个词，是从印度梵语"yug"或"yuj"而来，其含意为"一致""结合"或"和谐"。瑜伽是一个通过提升意识，帮助人们充分发挥潜能的哲学体系及其指导下的运动体系。瑜伽是一个运用古老而易于掌握的方法，提高人们生理、心理、情感和精神方面的能力，达到身体、心灵与精神和谐统一的运动形式。大约在公元前300年，印度的大圣哲、瑜伽之祖帕坦伽利创作了《瑜伽经》，印度瑜伽在其基础上才真正成形，瑜伽行法被正式订为完整的八支体系。

第二天一早，卡莱曼思教授等人迫不及待地聚集在茅舍门前，并架起了录像机及各种探测仪。巴亚·米切尔盘腿坐在门前的一块薄毯上，闭目养神。人们的目光、录像机镜头、各种探测仪全部汇集在米切尔身上。大约在2～3分钟之后，只见米切尔身体轻轻上升，约升到10米高时，他改变了盘腿的姿势，如同鸟儿展翅一般伸出双臂，开始旋转飞翔。浮在半空中的米切尔似乎进入浑然忘我状态。

这一情景令卡莱曼思教授等人目瞪口呆。大约在空中飘浮了30分钟左右，米切尔的身体开始摇动，接着以水平状态慢慢降下。米切尔落地以后，几位科学家发现，他身体变得非常柔软，像棉花一样。当米切尔慢慢升空时，探测仪已测出是从他身上喷发出的一股气流把他托起的。80千克体重的人要想升空，得需要相当大的能量。这股气流和能量是什么呢？科学家们百思不得其解。卡莱曼思目睹了现实生活中的真正"超人"升空后，如同哥伦布发现了新大陆一样，心中无比振奋。他试图提出用重金聘请巴亚·米切尔去美国做表演。但是，巴亚·米切尔很有礼貌地回绝重金聘请的提议。他说："我是个虔诚的印度教徒，练瑜伽功有40年了。习惯了在这深山丛林中安静的生活，对金钱、名利早已淡泊了……"当几位科学家问他是如何练成这奇妙的功夫时，巴亚·米切尔很认真地回答："这必须经过严格的精神训练，才能学到这门技巧，而肉体上的训练则更为艰辛。只有精神高度集中，才能将人体内潜藏的巨大'魔力'解放出来……"这些话更给科学家们的心里增加了一层神秘的感觉，人体内潜藏的"魔力"到底是什么？米切尔是如何突破物理学上的万有引力定律来做到升空的呢？

卡莱曼思教授和印度的几位科学家发现，在印度的古书上也早有关于人体在空中飘浮的记载。印度考古学家们曾发现一幅巨大的石雕，它是以高空鸟瞰角度绘制的印度2000年前恒河流域的曼达尔平原景色。当时没有直升飞机，人们怎样从高空来绘制呢？科学家们一直把印度古书中的记载当

☆ 原地起跳后在空中的瞬间停留或许多数人体验过，但是飘浮于空中，能想象到吗？

☆ 印度石雕

探索
人类
神秘现象

tausuorenleishenmixianxiang

做神话，如今他们亲眼目睹了人体飘浮升空，才顿时大悟，不得不承认记载中的内容完全是事实。

1910年，英国著名的探险家彼得在亚巴尔到缅甸北部丛林进行考察探险时，在一座边远山区的寺院里认识了一位修行多年的老僧。这位老僧每天早晨在寺院门前静坐十多分钟，然后盘坐的身体会徐徐升起，升到离地面很高的距离，然后在深山的丛林上空飘一圈，才慢慢地落到地上。彼得被眼前这一神奇情景惊呆了，他用照相机从不同的角度拍摄了这位修行老僧当时在空中飘浮的镜头。回国以

后，他在英国《卫报》上发表了自己拍下的照片以及自己看到的这位僧人升空的情景。当时有些英国科学家对他所述并不相信，他们认为彼得所看到的一切完全是幻觉，是中了一些宗教巫师卖弄的障眼法。彼得坚决否认，他认为自己当时头脑十分清醒，目睹的情景真真切切。而且这位僧人在做人体高空飘浮时，并没有邀请他观看，而是他偶然碰上的，根本不会有什么障眼法存在。印度的军事学家早就注意到这种人体飘浮术确实存在，并且设想把人体漂浮术用于军事作战，组织一支"超人"的部队，这样就可以不怕敌方的地雷、坦克、导弹、轰炸机的攻击，随时可以突击到敌人的后方，并且击败对方，这样的话也不必在研制尖端武器方面再花更多的钱。而印度的一些科学家却认为：当前科学家尚弄不懂人体飘浮是如何形成的，因此这样的设想很难实现。当今为世人所了解的四种力量，即重力、电磁力以及两种核力都不能使人飘浮，我们只能假设还有第五种力量。可这第五种力量是如何从人体中产生，又怎么推动人体升空的呢？这至今仍然是一个谜。

印度的物理学家辛格·瓦杰巴博士观察、研究人体飘浮术多年，也接触过几位有人体飘浮功能的人，但这些人都隐居在深山老林之中，从不愿

向外人展示自己的飘浮能力，他们过着与世隔绝的生活。他们的行为方式以及逻辑思维与现代社会格格不入，因此要想让他们讲解此功是如何练成的那是难上加难。瓦杰巴博士曾用几种现代物理探测仪器来探测其中的奥妙，均无结果。看来，要解开此谜还需要更长的时间。

当然如今的科学水平尚不能解释人类社会中的所有特异现象。特别是瑜伽术的超越冥想功，更难用科学的道理去解释。正如许多不可思议的现象一样，"人体飘浮"至今尚未找到合理的解释。有人认为，人体飘浮者其实是借助外力或小道具进行飘浮；又或是运用小法术，令观众产生幻觉。但这仅仅是猜测，并没有足够的证据来证实。

·知识外延·

磁悬浮列车：磁悬浮列车是一种靠磁悬浮力（即磁的吸力和排斥力）来推动的列车。由于其轨道的磁力使之悬浮在空中，行走时不需接触轨道，因此其阻力只有空气的阻力。

☆ 大型魔术表演中的人体空中悬浮

真实存在的"火眼金睛"

火眼金睛并不仅是吴承恩笔下的孙悟空的独家绝活，在我们生活中也有人无需超声波或X光设备的任何帮助就能看到别人的五脏六腑，这样的透视能力是常人所没有的。拥有特殊的双重视觉，这对科学及医学界的研究将是一个新的挑战。

《西游记》中的孙悟空在太上老君的炼丹炉里练就了一双能一眼识别妖魔鬼怪的火眼金睛，而在俄罗斯有这么一位拥有"火眼金睛"的小女孩，她叫娜塔莎·焦姆基娜。她能透视人体，一眼看穿人体的五脏六腑。

有一家报社的一名编辑出过车祸，身体多处受伤，娜塔莎看到这位编辑后，便将他的所有伤处都一一指了出来，并且还说她看见他颅骨下有一个"坚硬的异物"，原来该编辑的颅骨下由于车祸植入了一副钛金支架，这令在场所有的人瞠目结舌。

·相关链接·

五脏六腑："脏"是指实心的器官，有心、肝、脾、肺、肾，为五脏，加上心包络又称六脏。但习惯上把心包络附属于心，称五脏即概括了心包络。脏者，藏也。心藏神，肺藏魄，肝藏魂，脾藏意与智，肾藏精与志，故为五脏。"腑"是指空心的器官，有胆、胃、大肠、小肠、膀胱、三焦，受五脏浊气，名传化之府，故为六腑。

娜塔莎小时跟邻居家的普通小孩没什么两样，并无特异功能，只是十分聪明伶俐。她6个月大时就能开口说话，1岁时就能完整地背诵普希金的诗歌，她的学习接受能力要比其他小孩好得多，3岁时已学会了俄语字母表，并且可以勇敢地驾驶雪地机动车。

娜塔莎10岁时患过阑尾炎，做了一次切除阑尾手术，可是那位粗心的医生却将消毒纱布遗忘在娜塔莎的腹腔内，因此她不得不再次接受手术。这次手术后奇迹出现了。一天，娜塔莎对母亲说："我看到你的身体里有皱皱巴巴的管子、两粒蚕豆、一个西红柿和一台吸尘器。"将信将疑的母亲以为女儿生了病，脑子变糊涂了，在那里疯言乱语，便将娜塔莎送到医院去诊断。在医院里，娜塔莎看了看给她看病的医生，就找来了纸和笔，画了一幅带有斑点的装满食物的口袋，然后把这张画交给了医生，说这是她从医生的腹部看到的情况。医生看后，感觉那个斑点处可能出现了问题，半信半疑地去做了检查，结果发现自己患有严重的胃溃疡。此后，人们才相信娜塔莎确有超人的透视功能。

娜塔莎感觉好像具有双重视觉。第一视觉与普通人一样，第二视觉却能看穿人体。她可以根据自己的意愿随时中止透视功能，因为长时间的透视会让她感到头疼。一般情况下她的第二视觉只在白天工作，晚上则处于休眠状态。娜塔莎·焦姆基娜无需超声波或X光设备的任何帮助就能看到人的五脏六腑，并能确诊他们的健康问题，这在全世界都是十分罕见的。因此，对于她拥有一双火眼金睛能透视人体的现象在科学及医学界曾引起了一阵研究的热潮，但最终并没有找到答案。所以，娜塔莎·焦姆基娜可以透视的原因也便成了一个未解之谜。

·知识外延·

阑尾：阑尾又称蚓突，是细长弯曲的盲管，在腹部的右下方，位于盲肠与回肠之间，它的根部连于盲肠的后内侧壁，远端游离并闭锁，活动范围位置因人而异，变化很大，受系膜等的影响，阑尾可伸向腹腔的任何方位。

☆ 通过X光成像，可以让医生了解患者体内情况，从而进行科学诊治

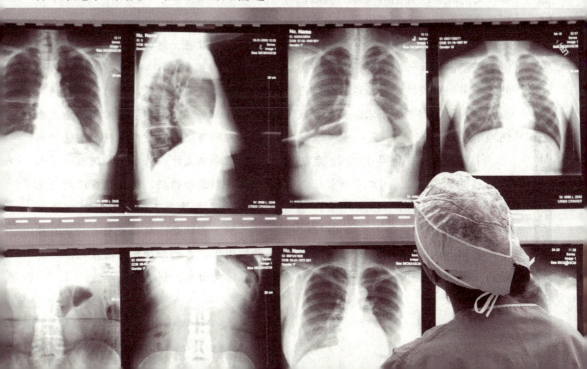

能和动物交谈的人

人类的潜能是深不可测的，关键在于是否能发现自己的潜能，并且是否能找到有效的方法来开发潜能。人与动物以及逝者进行心灵上的沟通，这打破了人类与动物界以及灵魂之间的界限，将给我们在人类、动物、灵魂三方面的研究打开一扇新的大门。

人能跟动物以及死去的人交谈，这实在是不可思议，感觉就跟童话一般。然而，俄罗斯有这么一位神奇的妇女叫佳丽娜·卡尔波娃，她居然能做到这些。佳丽娜·卡尔波娃看上去和普通人一样，但她的特异功能让科学家大吃一惊。这个"独一无二的女人"有许多神奇的故事：她偷听海豚的对话，得知怀孕的海豚都要到巴伦支海底的间歇泉聚会；与蚂蚁畅谈，探听蚂蚁大都市里的秘密；还有一次，一条恶狗在黑黑的巷子里企图咬她，她竟通过跟狗进行一番对话而让狗平静下来，自己毫发未伤地走了。

卡尔波娃是世界上少数能和动物对话的人之一。一次，一家日本电视台派摄制组造访卡尔波娃家，邀请她与动物说话，目的是为了做好一档节目。日本人请卡尔波娃在莫斯科的杜洛夫动物剧院展示她的神奇能力。

卡尔波娃如约而至。她看了看那里圈起来的动物，心里非常明白，这些接受了训练的动物只懂得几个简单的命令，想要与它们进行深入的对话是很困难的。

·相关链接·

潜能的特征：

1.未显性。潜能是未显现的能力。脑中的潜能世界是一个未被打开的宝库，那里蕴藏着惊人的能力，一般情况下不采取一定的措施是难以开发出来的。人的潜能会在意外的情况下迸发出来，也会从天才人物身上显现出来。人一旦遇到意外情况，特别是在遇到危及性命的紧急情况下，人脑的新皮质部位、脑干部位会一起动员起来，在激素的作用下，人的潜能包括潜在的体力会一起迸发出来，创造人间奇迹。

2.可诱发性。人的潜能的可诱发性，是潜能的又一特征。可诱发性是指人本来没有某种能力，经过教育、培养，能出现这种能力。

最后，卡尔波娃看见前面有3条因年事已高而退役的狗，于是她便在其中一个狗窝旁边停了下来。卡尔波娃似乎对其中一条14岁的斜眼狗很感兴趣。日本人对她的选择显然很失望，他们要求卡尔波娃找别的动物对话。但卡尔波娃说："这条狗想向我倾诉自己的痛苦。"经过一番"交谈"之后，卡尔波娃讲述了这条狗的故事：原来这条狗一直配合自己的教练在舞台上献艺，后来有一天教练去世了。这条狗本来已经老了，该被杀死，但由于那位过世教练的好朋友苦苦求情，它才免了一死。这条狗还把救命恩人的名字告诉了卡尔波娃，并说此人已经60多岁，现在成天待在家里。

为了验证这个描述，日本人请来了狗的救命恩人，让她讲讲狗的故事。结果他们惊奇地发现，此人的讲述和卡尔波娃从狗那里听来的一模一样。

卡尔波娃除了能和动物说话外，还能和逝者交谈。卡尔波娃认为，这世上没有"死亡"这回事。当人的心脏停止跳动后，他们会进入另一个世界。绝大多数人不能感觉到另一个世界的微妙振动，除了那些感应极其灵敏的人，卡尔波娃就是这样的一个

人。她向人们透露她曾和门捷列夫等名人对过话。俄罗斯自然科学院成员图伦科教授还把自己提出的一些问题交给卡尔波娃，让她代问门捷列夫，果然图伦科教授得到了意想不到的答案。图伦科认为这些答案绝不是卡尔波娃自己能编出来的。

佳丽娜·卡尔波娃说自己能和植物以及死者谈话，这绝对不是浪得虚名，所说的一切都有依据可循。那么佳丽娜·卡尔波娃又是怎么做到的呢？这种神奇的超越一般人的能力实在令人惊讶，也是人们心中难以解开的谜团。

☆ 人们对动物并不陌生，可是有谁能相信竟然有人能和动物谈心呢

呼气即燃的奇人

人类超自然现象是奇怪的、难以捉摸的，这把人类研究的范围扩大到了许多时有出现但又难以描述的领域。对人类"喷火"的现象我们又将怎样作出解释呢？

我们经常看到一些会表演喷火杂耍的艺人口中含有煤油或者是灯油，向手中拿着的火把喷出，火把顿时会有火焰燃起，十分惊险刺激。然而，有的人不用火把，只要直接用口吹气，被吹到的物体就马上能着火，这样的人堪称"喷火奇人"。

· 相关链接 ·

喷火：也称吹火，秦腔绝技，表演者可以从嘴中喷出火来，其重要性有如变脸之于川剧。一般多用于有"妖怪、鬼魂"出现的剧目中。秦腔《游西湖·救裴生》中，李慧娘用此技。吹火的方法是先将松香研成粉末，用箩过滤，再用一种纤维长、拉力强的白麻纸包成可含入口中的小包，然后剪去纸头。演员吹火前将松香包噙在口里。用气吹动松香包，使松香末飞向火把，使之燃烧腾起火焰。

1882年在美国有一个奇特的24

☆ 中国戏曲表演中的喷火

岁年轻人，名叫A．W．安德伍德，他在呼吸时必须特别小心，因为他一不注意就会引起一场火灾。平时当安德伍德外出打猎时都不需要带火柴，如果他想点燃篝火，那对他来说简直是再容易不过的事情了。他只要聚拢一堆枯叶，然后对着这堆枯叶吹上一口气，立刻就能烧起一堆火。

这一奇闻引起了一位医生的注意。开始，这位医生认为这件事一定是夸大其辞。于是医生和同事对安德伍德进行现场测试：在安德伍德表演之前，首先将他的嘴里嘴外彻底擦拭清洗，对他的双手也经过了仔细的清洗，总之对他进行了非常严格的检查，以防欺诈的可能，然后医生让他在众人面前进行表演。无论他是对着纸张还是衣物等呼气，都会立即引燃物体。安德伍德接过任何人递给他的手帕，用力地擦他的嘴，然后对着手帕呼气，手帕立即燃起火焰，直至烧成灰烬为止。当场的观看人员都被眼前的一幕惊呆了，安德伍德的表演令人难以置信，他们也无法解释这一现象。

医生向公众宣布，安德伍德身上出现的这种现象是千真万确的。之后，医生又用各种药水给安德伍德漱口洗嘴唇，并要他在表演时戴上外科医生的橡胶手套，但是结果都一样。这是一种非常令人惊异的人体奇特现象，医生试图从安德伍德身上找到出

现这种现象的原因，于是他对安德伍德进行了为期几个月的测试和调查，但最终还是没有能够解释安德伍德身上的这种奇异现象。

1927年，美国田纳西州孟斐斯一位汽车修理工也被发现有这种奇特的喷火能力，平时他也会有类似安德伍德的情况出现。据说，他也是只要呼出一口气，就能将一些易燃材料引燃。当时的美国副总统查尔斯·道斯亲自调查了这一奇异事件，这位修理工拿起了道斯副总统的手帕，对着它

☆ 戏曲表演艺人借助简单道具表演的喷火

呼口气，它立刻就着了火。

通过亲自调查，道斯副总统和他的手下认定这件事不是一个骗局，但却一直无法找到合理的解释。与那些杂耍艺人不一样的是，安德伍德和那位不知姓名的汽车修理工不用辅助工具只要用口吹气，徒手就能将任何物体点燃，这种现象确实不同寻常，他们似乎能够随心所欲地控制这种能力。人体存在着许多奥秘，像安德伍德这样的"喷火"奇人为什么具有这种神奇的能力，至今也还是一个未解之谜。

· 知识外延 ·

杂耍：杂耍是一部分游艺活动项目的称谓。一般指某些活动性的游戏，如投掷、套圈等。也专指杂技表演中手技和顶技节目。有民间杂耍表演，木偶、魔术、猴戏等。

☆ 究竟是什么能够让人在不借助任何道具的前提下呼气即燃，成为一个暂时无法解答的谜题

探索
人类
神秘现象

可以吸附金属的身体

可以吸附金属的身体

人类超常现象的出现，具有不平常能力的人的个体的出现，向人体科学发起了严峻的挑战。"人体磁铁"现象的出现必将促使科学的发展更具有前瞻性。

磁铁可以吸附很多金属，是因为磁铁具有磁力，然而，有些人也具有磁性，甚至比磁铁还厉害，他们不仅可以吸附金属，还可以吸附非金属之类的物体，堪称一绝。

·相关链接·

磁铁：磁铁是可以产生磁场的物体。其成分是铁、钴、镍等原子，内部结构比较特殊，其原子本身就具有磁矩。一般情况下，这些矿物分子的排列较混乱，而它们的磁区互相影响并显示不出磁性来，但是在外力（如磁场）导引下其分子的排列方向就会趋向一致，其磁性就会明显地显示出来。

哈萨克斯坦西北部城市乌拉尔斯克有一名妇女，名叫尼格梅托娃，她具有一种奇特的功能：用身体能吸附各种金属物体。几年前她就发现自己身体好像有一种吸附各种金属物体的

巨大的能量。

为了展示她的特殊吸附能力，尼格梅托娃用她的身体粘住了重达8千克的金属物。不可思议的是，其他与尼格梅托娃接近的人好像被她的能量所影响，身体也能吸附住大量金属物。我国台湾省南投县名间乡一名3岁女童，也被发现具有身体吸附金属物体的能力。这名3岁女童名叫吴欣芳，外表和一般孩子没什么区别，但家人发现当她没穿衣服时，身体可以吸附硬币、钢笔等含金属的物件，人人称奇。此外，在罗马尼亚，有一个40岁男子奥勒尔也被称作"人体磁铁"，因为他的皮肤能够吸附起任何东西，不管是金属还是木头、瓷盆还是熨斗，更让人目瞪口呆的是，他的身体甚至还能吸附起一台23千克重的电视机！

奥勒尔从小就具有某种吸附物品的"磁能"，但直到数年前的一天，在他照镜子时发现脖子上一个沉重的

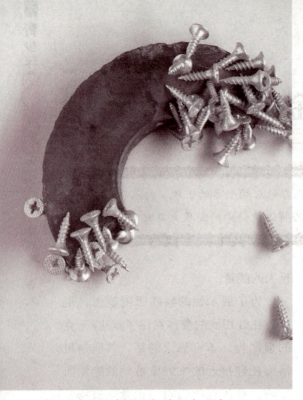

☆ 磁铁对螺丝钉的巨大吸力

"释放出磁力感"，通过这种过程，他能吸附起很重的物品。

奥勒尔展示了自己的"人体磁铁"功能：俯身在一台电视机上，开始集中精力，接着他站了起来，那台电视机竟然被紧紧吸在了他的胸部，奥勒尔胸口黏着这台电视机在屋中走来走去，最后电视机才被他用手费力地拉了下来。接着，奥勒尔又用胸部吸附了一块钉着许多钉子的大木头，他的"磁力"表演让观看者目瞪口呆。

"人体磁铁"震惊专家

英国医生卡罗尔·库珀对奥勒尔的"人体磁铁"功能深感惊讶，她认为这种现象显然违反了物理学法则，因为只有铁和钴、镍等金属才具有磁性，人体内并不包含太多的金属。铁是人体中最"富有"的金属，但每个人体内的含铁量加起来也只有两枚钉子大，分量这么小的铁是绝对做不成磁铁的。

此外，库珀也无法解释奥勒尔为何能吸起一台电视机的奇事，但她认为，如果人体经过训练，可以用皮肤吸起像茶碟之类较轻的物体。但吸力会因重力而产生一个极限，这样微弱的吸力绝对无法吸起像电视机那么重的东西。所以事实上，"人体磁铁"到底是怎么工作的还是一个无法解开的谜。

项链断掉了，可那条项链却仍然挂在他的脖子上时，他才首次清楚地意识到自己拥有这项奇特的本领。于是奥勒尔开始尝试用自己的皮肤吸附其他东西。除了金属物品外，他还能将其他许多物品吸附到胸部、脖子和前额上。奥勒尔有一次生病去看医生，结果有趣的是医生的听诊器竟然也被紧紧地吸到了他的胸口皮肤上。

奥勒尔平时甚至不敢使用手机，因为每当使用手机时，手机总是会吸附到他的脑袋上！奥勒尔也不知道自己为什么会成为一个"人体磁铁"，但他并不是所有时候都能具有"磁力"，有时他必须先对某样东西集中注意力，然后

神奇的无脑智人

人类的智商是表示一个人的聪明程度的，也从另一个侧面反映出一个人的脑容量。令人不可思议的是，有些没有大脑的人也照样智力超常，那么，究竟是什么原因造就了这些没有脑子却又智力超常的人呢？

般当某人大脑不够用，反应迟钝时，我们就会用"真笨，脑子进水了"这类词来形容此人。这还真是有科学依据的，并不是谁在随便瞎说，因为患了脑积水的人一般都是智力低下的。然而也有特例，这个人虽然没有脑子，但却智力惊人。

·相关链接·

脑积水：脑积水是指颅内脑脊髓液容量增加。除神经体征外，常有精神衰退或痴呆。脑积水是因颅内疾病引起的脑脊髓液分泌过多或循环、吸收障碍而致颅内脑脊液存量增加，脑室扩大的一种顽症，属中医"解颅"的范畴。

英国有一位大学生几乎没有脑子，但智慧却超乎寻常。原来这名学生患了脑积水。脑里的水其实是脑脊髓液，由脑室分泌储藏。在正常情况下，脑脊髓液循环于脑和脊髓内，最后进入血液。假如循环受阻，或脑脊髓液过多，液体就会积在脑腔内，形成脑积水。这种病通常会导致脑室系统扩张，两个大脑半球畸形，头颅肿大。脑室周围白质水肿，甚至脑组织萎缩。患脑积水的婴儿，如果出生几个月后仍能活下来，反应也会极其迟钝。然而特别令人惊讶的是：这名学

☆ 大脑是人类智力的源泉

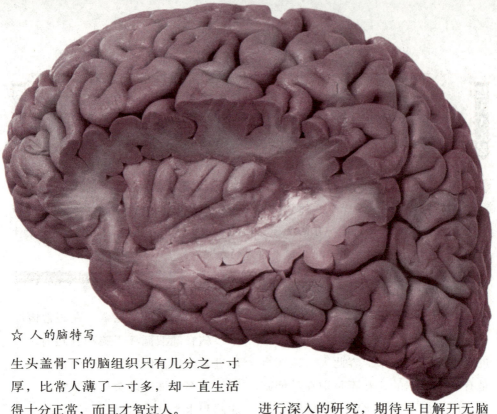

☆ 人的脑特写

生头盖骨下的脑组织只有几分之一寸厚，比常人薄了一寸多，却一直生活得十分正常，而且才智过人。

英国神经学家洛伯教授已发现了几百个像这位大学生一样几乎没有大脑而智力甚高的人。经对他们的智商进行检测，发现有些"测不到脑子"的人，智商竟然高达120。科学家们对这个现象大惑不解，因为发挥脑功能的主要是两个大脑半球。他们猜想，脑积水患者的脑功能可能由脑内其他不是很发达的部分接替了，或者正常的大脑只发挥出了全部脑功能的一小部分。然而这也仅仅是一种猜想而已，并没有通过实验得到证实。

不管怎样，脑子很小的人，智力也可能很高。究竟是什么原因造就了这些没有脑子却又智力超常的人呢？科学家们正对这些不可"貌相"的人进行深入的研究，期待早日解开无脑人拥有高智商之谜。

· 知识外延 ·

脑组织：人脑是指包容在颅腔内的三大块神经纤维组织：大脑、脑干和小脑。现代人类的大脑几乎占据了颅腔的全部空位（其所占比例为87%，小脑为11%，脑干为2%），就其外形而论颇近卵圆形，其长轴呈前后向，长约16厘米～17厘米，左右宽约13厘米～14厘米，上下高约12.5厘米～13厘米，全重约995克～1200克，约为体重的1/40，约为脑重（1400克）的85%，比脑干（从延脑到丘脑）重40倍，比小脑重9倍。

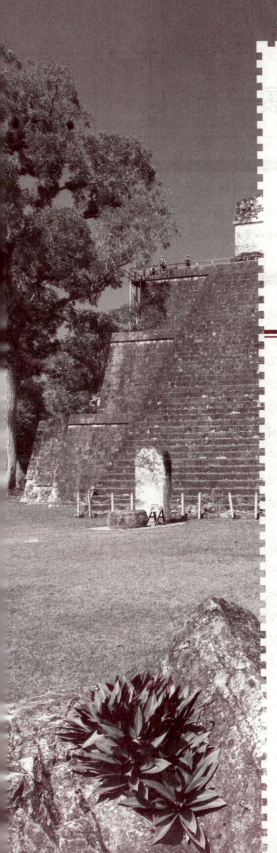

第六章

远逝的人类文明

　　根据史书记载，人类从最原始的石器时代到现在的高度文明，发展历程不超过一万年的时间。然而，一些被人类发现的文明古迹，是我们现在人类技术都无法建造的。根据这些确凿的证据，一些学者提出了史前文明学说，即在我们本次人类文明之前，地球上曾出现过高等文明。

耶稣的裹尸布

宗教信徒对"圣物"都有一种令人难以置信的狂热，世界三大宗教概莫如此。特别是当有了新"圣物"被发现的时候，信徒们的那份冲动、那种执著、那种认真，实在令人叹为观止。这就是宗教的力量，而这种力量往往伴随着种种神秘。好在现在已是科学的时代，让科学来验证宗教上的一些说法吧。

相传，耶稣被他12个门徒中的一个叫犹大的出卖，在受尽折磨后被钉死在十字架上。耶稣死后，他的另一门徒约翰用一块裹尸布将其尸体精心包好后放在哥尔高扎的一个石洞墓里。3天后，几个去石洞吊唁的妇女发现耶稣复活了，这个日子后来成为基督教的重要节日——复活节。然而，就在耶稣复活后，他的那块裹尸布却不翼而飞了。

本来，这一传说带有明显的宗教神话色彩，人们当初并没有信而当真。然而到了1353年，居住在法国巴黎附近领地的夏尔尼伯爵突然宣称，他收藏着耶稣受难时的那块裹尸布。这一消息对基督徒来说，无疑是个极大的震动。遗憾的是，夏尔尼伯爵尚未说出裹尸布的来龙去脉就很快病故了，从而把这块裹尸布突然出现之谜也永远带进了坟墓。不过，对于一些基督徒来说，他们对这块裹尸布的存在却是深信不疑的。4年后（即1357年），这块来历不明的裹尸布终于在夏尔尼伯爵领地利莱教堂的祭台上公开展出，吸引了大批朝圣者。当时法国基督教徒与天主教徒矛盾日益尖锐，裹尸布公开展出后，立即遭到当地天主教主教的反对，他要求停止展出这块裹尸布，并断言它是赝品。

1389年天主教主教的继承人在写给教皇的信中指出，有一个不知名的艺术家已经承认，所谓耶稣裹尸布实际上是出自于他手笔的艺术品。因此教皇克里孟特七世下达教谕，只允许在说明这块细亚麻布不是真正的耶稣裹尸布，而只是艺术品的情况下才能向基督教徒公开展出。但是，法国的基督教徒们无视教皇的教谕，他们认为那个不知名的艺术家是在严刑拷打下而被迫承认的。到了15世纪，萨伏伊公爵路易斯将裹尸布从利莱转移到著名的尚贝里大教堂。

·相关链接·

朝圣：朝圣指天主教徒朝拜圣地的宗教活动。天主教有许多关于圣地的传说，如耶稣诞生、受难及复活之地伯利恒与耶路撒冷，使徒保罗和彼得殉难之地罗马，及各地的圣徒墓地纪念地等。天主教徒认为可通过朝圣祈福、赎罪。新教徒亦有访问造谒宗教纪念地之举，但不以为这些纪念地有神效，也不举行朝拜活动。

1532年，尚贝里大教堂失火，裹尸布虽被抢救了出来，但因贮放的银盒融化，落了几滴在裹尸布上，使它遭到了一些破坏，同时消防用水也在布上留下了污迹，但布的中心部分依然完整无损。1578年，裹尸布被迁往意大利北部的都灵，存放在都灵大教堂的圣坛上，时至今日。由于社会上对耶稣裹尸布的真伪众说纷纭，1898年，都灵大主教终于同意一批科学家对裹尸布进行考察研究。人们发现这块亚麻裹尸布上留有一个明显的影像——一个裸体、有胡子、留长头发的男人的图像。其大小同实际人体相等，死者的面容安详，其身体上留有鞭痕和钉痕，布上相当于死者的头、手、腰、足部位都有斑斑"血"迹。有人认为，裹尸布上的影像很像《福音》书上所描述的耶稣受难时的形象，并断定这就是大约2000年前约翰用来包裹耶稣尸体的那块圣布。

同时，有历史学家试图通过历史文献证明耶稣裹尸布的存在及其真实性。例如，经英国历史学家威尔逊考证认为，耶稣当年受难时，耶稣的门徒确实曾用细亚麻布包过耶稣的遗体，这块裹尸布曾长期保存在耶路撒冷，后来它又传到了东罗马帝国的首都君士坦丁堡。而且据记载，13世纪初一个叫克劳里的编年史家声称他本人于1203年在君士坦丁堡目击过耶稣的裹尸布。第四次十字军东侵时（1202—1204年），君士坦丁堡被十字军所占领，当时一些十字军骑士也曾见过耶稣裹尸布，然而事后这块裹尸布就失踪了。有人猜测，1357年在

☆ 耶稣塑像

☆ 耶稣死后，门徒用来包裹耶稣尸体的那块裹尸布成为圣布

探索
人类
神秘现象

tansuorenleishenmixianxiang

法国夏尔尼伯爵领地利莱教堂展出的耶稣裹尸布，就是十字军东侵时从君士坦丁堡窃运而来的。同时，这些相信者们还发现：裹尸布图像上的脸型、披肩的发式及胡子都属于公元初的犹太人造型，并且，裹尸布上的形象与圣西娜山上叶卡捷娜教堂中的圣像有45处相似，而与查士丁尼二世时货币上的圣像有65处相似。在图像的眼部发现有公元1世纪铸造的钱币痕迹，这证明死者的时间是公元1世纪，与耶稣遇难的时间相吻合。

然而，不信者们也有自己的理由。他们认为，裹尸布的人形属裸体形象，这与当时的习俗相违背，因为通行的耶稣受难形象是穿着希腊长衣，或者腰间束有大腿绷带。同时，他们还发现，裹尸布上的耶稣形象留有发辫痕迹，而中世纪的几乎所有圣像都没有发辫。由此，他们认为裹尸布是伪作。双方的争执持续了几百年。

1978年，为纪念裹尸布迁移都灵400周年，再次举行了公开展出。各国科学家们云集都灵，用各种现代科学方法对裹尸布作了实物检验研究。纺织学家发现，在古代中东地区常以亚麻布作尸衣、尸布，而这块亚麻裹尸布明显具有古代耶路撒冷地区的特征。

同时，有科学家还发现在裹尸布上含有一些花粉，这些花粉大部分是属于生长在耶路撒冷的植物花粉。因此他们断定：裹尸布肯定有一段时期是在耶路撒冷保存过的。但是有人马上提出反驳，他们指出，花粉是可以随风飘荡或被鸟类带到很远的地方的，而裹尸布恰恰在几个世纪中被放在露天场上展出过，因此用花粉来证实裹尸布真实性的论点就有些靠不住了。于是，有人提出用放射性碳断代法来测出裹尸布的确切年代，以此来证明裹尸布确系公元1世纪的产物，但未能得到允许，因为用这种方法会破坏掉一部分原物。

正当欧洲的科学家们争执不下的时候，从大洋彼岸的美国却传来了不同的研究结果。首先，科学家们提出了一个一致的结论，认为这块裹尸布不是一幅画，因为裹尸布上没有发现颜料的成分，至于裹尸布图像的形成，他们通过1532年的那场火灾所提供的线索得到了启发，断定这是由别人巧妙地用轻微的焦痕构成的。其次，通过对尸布上的"血"迹的研究表明，裹尸布上留下的"血"迹确系人血。但经分析发现，"血"迹部分拍摄的底片上呈白色，证明尸布上的血迹是阳性的，而人体影像却是阴性的，这说明尸布上的血不是来源于尸体，而是后来加上去的。由此，有些科学家断言，裹尸布上的耶稣图像是伪造的，这块亚麻布根本不是传说中的耶稣裹尸布。

然而，这是否就能用来完全解释裹尸布的奥秘呢？科学家们对有些问题至今不解：裹尸布上的图像是立体形的，但古代人是否能掌握立体成形技术？如果裹尸布上的图像是由焦痕形成的，那么要有怎样的烧烫技术才能绘制出这样一幅图像呢？还有，历史上真的有过耶稣其人和耶稣裹尸布吗？

·知识外延·

都灵：都灵是意大利第三大城市，大工业中心之一，皮埃蒙特区首府，意大利的汽车城，也是欧洲最大的汽车产地，还是历史悠久的古城，保存着大量的古典式建筑和巴洛克建筑，常年都有数不尽的节日和庆典，也是意甲球队都灵和尤文图斯的主场。

☆ 裹尸布成为一个话题，更是一个至今无解的谜

消失的莫奇卡文化

莫奇卡文化已存在了近2000年，并延续了600年之久，但它却在20世纪80年代才被发现。这是美洲又一重大考古发现，它补上了玛雅文明消失和印加文化繁荣之间的空白。

目前对莫奇卡文化的研究还刚刚起步，但只要它存在，就不怕没有成果。在今秘鲁西北部约350千米长的狭长沿海地带，曾存在一个古老而璀璨的印第安文明中心，这就是神秘的莫奇卡文化地区，比举世闻名的南美洲印加文化还早约1200百年。它始于公元100年，灭于公元700年，该文化因当地的莫奇卡河而得名。莫奇卡人曾创造和发展了光辉灿烂的文明核心，但是约在公元700年以后其文化渐趋衰落，最终湮没于荒野之中。是什么原因造成莫奇卡文化发展的终止呢？至今，这是国外不少学者所努力探究的一个问题。

·相关链接·

印第安文明：在漫长的历史长河中，美洲的印第安人留下了相当高的古代文明。以玉米为代表的多种农作物的种植和栽培，使其成为世界农业文明的摇篮之一；以太阳神金字塔为代表的建筑艺术，让人瞠目结舌，是世界建筑艺术史上的一朵奇葩；以鹰羽冠为代表的民族服饰，色彩鲜艳、做工精巧，为世界民族文化增添了亮丽的色彩；纳斯卡荒原巨画为代表的令人不解的"斯芬克司之谜"，至今仍让人感到神秘莫测，激励更多的学者去探索和破译。

在前印加文化时期，秘鲁沿海谷地曾呈现出巨大活力和丰富多彩的社会生活，其基础是农业。源自安第斯山的河流在其下游蕴藏有大量的肥沃土质，这就为古代印第安人发展农业提供了丰富的肥料；他们种植玉米、木薯、菜豆、南瓜、甘薯、花生、棉花和龙舌兰等植物。在沿海内地的小山丘有鹿类动物，在河口的芦苇荡内栖息着大量的鸟类。因此，对于那些热带沙地上的古代沿海居民来说，安第斯山区的河流是上天的赏赐物，就在这种有利的自然条件下，莫奇卡人从事农业种植、打猎和捕鱼活动。此外，他们还在南美洲西部广大地区，从厄瓜多尔到智利从事贸易活动。

在上述坚实的经济基础上，莫奇卡人取得了令人瞩目的文化成就。他们利用土坯砖块砌成雄伟的金字塔和高台，作为宗教仪式和行政中心；其主人死后，人们在这些建筑物底下修造墓室，以安葬其主人的尸体。在秘鲁首都利马以北约560千米处，矗立着一座十分壮观的太阳金字塔，是莫奇卡人的建筑典范。它高达41米，占地面积5万平方米，用1亿多块砖坯砌成，整个工程费时达数十年之久。此

外，锡潘的一座金字塔及其前面的高台约建于公元300年。高台长70米，高10米，共分三层。1988年7月，考古工作者就在这著名的锡潘高台底下发现了一座保存完好的莫奇卡文化时期的墓室，这就是闻名遐迩的锡潘古墓。

据研究，古墓约修建于公元300年，正值莫奇文化发展时期。考古工作者从墓室中发掘出6具尸体，墓主约30岁，身高1.68米，属武士和祭司阶层。除此之外，还有多名殉葬者。在墓主上下和左右，各有两个约20岁的女子，大概是主人的妻妾；另外两个是约40岁的男子，其中一人是武士，另一人是主人的侍者。在侍者旁边葬有一条狗，可能是墓主的爱犬。在主

☆ 印第安文明遗址

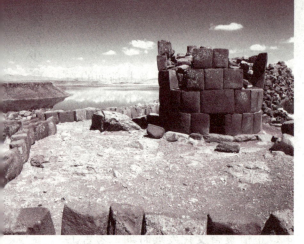

☆ 经历了漫长岁月的打磨，有无数文明在春秋变换间化作尘埃，而留下的无疑更加珍贵

人的斜上方，还葬有一个约20岁的男子，大概是卫士。但是令人费解的是，卫士没有双足，两个女子和两个男子中也各有一人缺一足。据推测，应该是为了防止他们在殉葬时逃跑，所以在陪葬前将他们的脚砍掉。在古墓中，还发掘出大量的陶器和金银铜器等陪葬品。其中有工艺精湛的贵金属工艺品，如"金头人"，其眼睛由珠宝和青石雕成；还有金杯，其装饰图案反映了古秘鲁的发达农业。此外，还有貌似美洲虎的猫科动物雕刻品，和比实物大两倍的金花生。在出土的1000多件陶器中，有壶、碗、坛子、酒杯等。许多陶器上饰有精美的图案和人物形象，如身披铠甲的武士、裸体战俘以及各种动植物和昆虫等。

莫奇卡文化为后来举世闻名的印加文化发展奠定了一定的基础。特别在物质文明方面，印加人继承了古代安第斯山地区和沿海地区人民的农业、冶金、纺织和制陶等方面的生产传统和技术，例如，他们继承了北部沿海的冶金技术。据一些编年史家记载，库斯科的统治者曾把那里的冶金工匠迁到首都来发展冶金业。那么，影响如此之深远的莫奇卡文化为什么在公元700年以后趋向消失呢？关于这个问题，至今还没有结论性答案，目前存在几种不同的看法。其一，认为在秘鲁沿海存在另一个强大的文化核心，它从南向北推进，从而湮没了莫奇卡文化。其二，认为来自安第斯山区的部落集团从东部入侵，最终毁灭了这个秘鲁沿海的古文化中心。其三，认为可能毁于洪水、干旱、地震等自然灾害。由于对莫奇卡文化的考古研究活动在1987年才刚刚起步，因此揭开灿烂的莫奇卡文化的奥秘还有待时日。

· 知识外延 ·

殉葬：殉葬又称陪葬，是指以器物、牲畜甚至活人陪同死者葬入墓穴，以保证死者亡魂的冥福。以活人陪葬，是古代丧葬常有的习俗。有的是死者的妻妾、侍仆被随同埋葬，也有用俑、财物、器具等随葬。龙山文化时期（约5000年以前）就出现人殉，商朝男女贵族墓葬有大量的人殉，但没有夫妻合葬、妻妇殉夫的现象。

古印第安天文学

古印第安人在封闭的美洲大陆创造过辉煌的文明，就其天文学成就来说，一点也不逊色于亚欧大陆同时代的地区和民族，这有许多遗迹可以证明。对美洲之外的人来说，他们无论如何也想象不出，古印第安人是如何取得这些成就，并且为什么此后这些成就没有继续发展就戛然而止了呢？

15世纪末以前，美洲的历史是独立发展的。远在西欧殖民主义者侵入美洲之前，印第安人就已创造出了十分灿烂的文明——堪与世界优秀文化媲美的玛雅文化、阿斯特克文化和印加文化，尤为突出的是他们惊人的天文成就。印第安人对天文的知识可追溯到遥远的过去。美国《科学文摘》曾刊登了文森特·马姆斯牧罗姆的一篇文章，记叙了这样一个事实：大约在3350年前的某一天，伊萨帕的一位祭司发现，在没有任何一种竖在地上的东西的情况下，地面上竟出现了投影。于是，这位细心的祭司记下了发生这一奇怪现象的日子，并且继续留心观察并计算天数。260天以后，这种现象再次发生。从此，最初的历法产生了。在这种历法中，每年分为13个月，每月20天，全年260天。这就是所谓的宗教历法。至今在危地

马拉的一些偏僻山区，土著居民仍然使用这种独特的历法。

居住在墨西哥和中美洲的玛雅人，继承了伊萨帕人发明的历法，结合自己长期对太阳和星辰的观测，发明了他们的历法。他们有4种不同的历法：第一种是玛雅历法（即宗教历法）；第二种为太阳历，每年18个月，每月20天，外加5天（"无名

☆ 古印第安建筑遗址

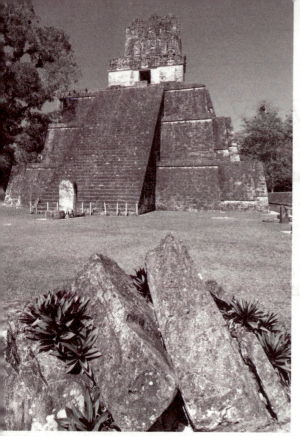
☆ 古印第安人的建筑

探索
人类
神秘现象

祭司：祭司，或司祭、祭师，是指在宗教活动或祭祀活动中，为了祭拜或崇敬所信仰的神，主持祭奠，在祭台上为辅祭或主祭的人员。根据不同的信仰，祭司被认为具有程度不同的神圣性。无论是从实用的社会职能还是神秘的宗教层次上来说，祭司都具有不可替代的重要性。

月"）作为"忌日"，共365天，这是他们日常生活的常用历法；第三种是每一金星年为584天的金星历；第四种是每年为385天零8小时的太阳历。玛雅人在没有沙漏和滴漏等原始计时工具，更没有现代天文望远镜和其他先进的光学仪器的情况下，借助于特殊的方法，即已较准确地预测出了日食和月食的时间，掌握了月亮、金星运行周期。他们计算出每一金星年为584天的结论，同现代科学家们计算的583.92天相比较，每地球年误差仅72分钟。

尤为令人惊叹不已的是，玛雅人把造型艺术与天文学知识融为一体、巧妙地结合在一座座金字塔上。例如：墨西哥维拉克鲁斯地区的7层壁龛金字塔，其有365个方形壁龛，每龛代表一天。在尤卡坦半岛北部的库库尔坎金字塔，四面各有91级台阶，加上通往最高处圣堂的一级正好是365级，与全年天数相符。在石阶两旁朝北的两个边墙下端刻成巨型蛇头，每年春分和秋分，在夕阳的照射下，出现"蛇影奇观"。据墨西哥天文和考古工作者说，库库尔坎金字塔坐南朝北而偏西17度，春分和秋分是一年中仅有的昼夜均分的两天，太阳向正西方向落下，便形成了奇妙的蛇影。玛雅人把蛇影出现看做是羽蛇神降临大地。春分出现时，带来雨水，开始耕地播种；而当秋分时，则雨季结束。就这样，玛雅人不仅把他们丰富的天文知识结合到建筑艺术中，而且还巧妙地将它同宗教信仰结合起来，并为农业生产服务。

稍晚时候崛起的阿斯特克文化又继承了玛雅人丰富的天文遗产。如为纪念他们传说中的"第五个太阳"而建的，以"众神之城"而闻名的牧奥蒂华坎城，考古学家们对该城最高的建筑太阳金字塔进行考察后认为，该金字塔象征着"通往新世界的天路之航标"。

居住在南美洲安第斯山区的印第安土著居民基多人，在远古年代，就经过观察，认定基多城北的卡史贝一带是太阳每年两次跨越南北半球的"太阳之路"，并且设立了标记。后来，经过法国和厄瓜多尔两国的科学家测定，证明赤道的方位就在"太阳之路"的附近。自誉为太阳子孙的印加人给许多星体和星座起了名字，并从观察天体中总结出自然界的规律。印加人有太阳年和太阴年的概念。他们的太阳年每年分为12个月，每月30天，每年另加5天；而他们的太阴年则为每年354天。

前印加时期的蒂亚瓦纳科文化，有一座以石造建筑而闻名的"太阳门"。整个建筑是用一块重达百吨的巨石雕成的，高2.5米，宽达4.5米，中央凿一门洞，门楣上有一些精美的、神秘的人形浮雕，有传说中安第斯世界造物主比拉科查的像，以及其他各种图案花纹和符号等。据说每年9月21日黎明的第一道光总是准确地从太阳门中央射入。但这座太阳门却给我们留下了许多不解之谜，如当时的人们用什么方法雕刻这样巨大的石料，在没有轮制运输工具的条件下，它是怎样经过坎坷的山路运到广场并被竖立起来的，这些问题至今还得不到满意的解答。此外，门楣上的图案又代表着什么呢？有人认为那些符号可能是一种当时的历法，但它又是一种什么样的历法呢？

纳斯卡地画 在纳斯卡地区，有一片长达60千米、宽约2千米的石碛平原，墨色石块砌成的宽窄不一的线条

☆ 建筑遗址上残留的古老符号与图形

纵横其间。这些线条有的是三角形、方形、平行四边形、梯形，有的像螺纹、方格等各种形状，同时尚有100多个动植物图案穿插其间，且每隔一定距离重复出现。这就是被一些人称为"世界第八奇迹"的纳斯卡地画。它们的用途是什么，至今仍是一个谜。有人推算其可能和天文观测有关，是至今世界上最大的历法图。1941年第一个研究纳斯卡画的保罗·科索克博士说，他发现了"世界上最大的天文学书籍"。许多科学家认为，地画是古代印第安人描绘的一幅巨型天文历法图，地画中的动物图像可能是各种不同星群形状的复制图，而那些长短不一、形状各异的线条则代表星辰运行的轨迹。

总之，古代印第安人的天文学充满着无穷的奥秘。虽然有些人将他们的天文学成就与外星人的启示联系在一起，被认为是无稽之谈，但他们神奇的天文学成就如何取得，至今仍是一个难解之谜。

·知识外延·

厄瓜多尔：厄瓜多尔原为印加帝国一部分。1532年沦为西班牙殖民地。1809年8月10日宣布独立，但仍被西班牙殖民军占领。1822年彻底摆脱了西班牙殖民统治。1825年加入大哥伦比亚共和国。1830年大哥伦比亚解体后，宣布成立厄瓜多尔共和国。建国后，厄瓜多尔政局一直动荡，政变迭起。文人和军人政府交替执政达19次之多。1979年8月文人政府执政，结束了自1972年以来的军人统治。首都基多位于皮钦查火山的山麓，高达2850米的海拔，使该市成为全世界第二高的首都。厄瓜多尔同时也是南美洲国家联盟的成员国。

☆ 前印加时期建筑遗迹

举世闻名的羊皮书

古希腊和古罗马文化可以说是西方文化的源头和宝库。而且，它们都比较重视文化积累，留存了大量典籍。可是此后，长期战乱，复杂的民族关系，宗教的专制等因素，使古希腊和古罗马的典籍损失殆尽。那么，我们现在所能看到和知道的劫后余生的典籍又是怎样保存和流传下来的呢？人们说法不一。

古希腊和古罗马创造了光辉灿烂的文化。在10多个世纪的漫长岁月里，希腊、罗马出现了众多的文化名人，他们勤奋创作，著述甚丰，给后人留下了无比珍贵的精神财富。当今天我们怀着激动而崇敬的心情拜读一些古典大师们的作品时，脑海中不禁会涌现出一个这样的问题——2000多年前写成的典籍是怎么保存流传至今的呢？

在古希腊、古罗马时代，没有纸，也没有印刷术，字是作者用羽毛或芦管当笔蘸墨水写在羊皮纸上的，然后装帧成册。谁要想得到一本书，一般的办法就是抄。当时的富贵之家，都有抄书的奴隶，因此书籍得以广泛流传。可是公元476年西罗马帝国灭亡后情形就大不一样了。

在原先帝国广袤土地上取代罗马人统治的，是被称为"蛮族"的日耳曼人，他们都是些目不识丁的武夫，丝毫不知道羊皮纸典籍有何价值，肆意践踏。在那种兵荒马乱的年代，无数名贵的书籍或付之一炬，或散佚殆尽。待社会初步安定以后，势力盘踞整个欧洲的基督教会一方面实行愚民政策，另一方面排斥异端，更是对希腊罗马典籍进行大规模有组织的摧残与毁坏。

早在公元391年，亚历山大的大主教提阿非罗下令将世界闻名的亚历山大图书馆烧毁。该图书馆历史悠久，建于公元前3世纪，藏有几十万册古典珍本。教会一再发布读书禁令，教皇格利哥里一世宣扬"不学无术是信仰虔诚之母"，鼓吹"知识服从信仰"，认为与基督教信仰无关的知识非但无用，反而有害。他任职期间不仅颁布过禁读令，而且下令烧掉罗马城内巴拉丁小丘上一座藏书十分丰富

☆ 古建筑残垣在现代都市中更显沧桑的古罗马图书馆。教会人士和神学家还将大批羊皮纸书籍的原文刮掉，再在上面写有关基督教的东西。这样也毁灭了大批古书，还使部分古书错讹百出。此外有许多羊皮纸书则长年累月堆在禁室，蛛网尘封，虫蛀霉烂。从公元6世纪到10世纪的欧洲黑暗时代，希腊罗马长期积聚起来的书籍宝库，经过无数次兵燹、劫掠、焚毁、刮削、虫蛀、霉烂，造成的损失是无法估算的。尽管如此，估计多数古代希腊罗马羊皮纸典籍还是保存流传下来了，成为今天世界文化宝库中一笔极为珍贵的财富。那么，这些古籍是如何获得劫后余生的呢？

有一种意见认为，尽管基督教会是毁灭希腊、罗马古籍的罪魁祸首，然而在保存古籍方面，它也有一份不能抹杀的功绩。首先要归功于修道院的抄录修士，在公元6世纪的黑暗时代，东哥特王的宠臣、罗马贵族后人加斯奥多勒斯在自己开设的修道院中首创誊写室，专门抄录古典作品。圣本笃修会的创始人本尼狄克起草的会规规定，抄书是修士们的日课，并说只有日夜抄写，才能得到上帝的宽宥。从此，抄录制度在西欧各地修道院迅速普及，不仅抄写数量颇大，而且质量亦为上乘，稿本完整，字迹工整，装饰精美。不仅修道院抄书藏书，连教皇也大力收集古典书籍。罗马教廷图书馆始创于公元4世纪，但13世纪的动乱使藏书散佚大半。15世纪，教廷在梵蒂冈重新建立了大型图书馆，该馆至今还是古代希腊罗马手稿的重要收藏中心。

·相关链接·

亚历山大图书馆：亚历山大图书馆始建于托勒密一世（约前1364—前283年），盛于二、三世，是世界上最古老的图书馆之一。馆内收藏了贯穿公元前400—前300年时期的手稿，拥有最丰富的古籍收藏，曾经同亚历山大灯塔一样驰名于世。可惜的是，这座举世闻名的古代文化中心，却于3世纪末被战火全部吞没。

教会人士为什么重视抄写和收集异教典籍——希腊罗马古书呢？对此人们有不同看法。一种意见认为古典书本中有基督教可以吸收改造的东西，而且通过这种吸收改造，基督教思想更有力量。他们举例证明，托马斯·阿奎那就是在吸收了亚里士多德的思想后才成为经院哲学集大成者的。此外，托勒密的天文学地心说也被教会用来证明上帝创造和主宰一切。另一种意见则认为基督教不是铁

板一块，内部常有异端出现。他们热心于希腊罗马古籍的收集、整理与阅读，以创立自己的学说。还有一种意见认为，10世纪以后，随着欧洲工商业城市的发展，人们对古典医学、数学、天文学、地理学、生物学、工艺学知识的需求不可阻遏，教会作为知识阶层，不能无动于衷。到底哪种说法最有道理，人们只能见仁见智了。通过修士们的抄录和教会收集、保存，流传下来的古籍确实不少。有人说，修士们把6世纪以来可以见到的羊皮古籍都抄下来了，并认为保存至今的希腊罗马古书基本上是经他们抄写流传下来的。这种说法值得怀疑，因为第一，有不少古籍早在日耳曼人

☆ 残缺不全的石柱与石碑

攻占罗马城之前就轶亡或流失到外邦去了；第二，有些书，由于犯禁而没有抄写，或者即使抄了又被刮掉、销毁；第三，不少书在抄成后又散失了。此外，由于羊皮纸来之不易，也有把库存古籍刮掉抄教会书籍的。因此，除了教会以外，是不是还有其他保存羊皮纸典籍的途径呢？

有的学者将保存希腊罗马羊皮纸典籍的头功归于阿拉伯人。自公元7世纪开始，阿拉伯人在长达几个世纪的扩张过程中，攻占了地中海沿岸大片原属希腊罗马统治的区域，直接接收了大量珍贵的希腊罗马古籍。而且阿拉伯统治者实行开明的文化政策，尽量搜罗各国书籍，甚至不惜动用军队劫书。

公元9世纪，哈里发马蒙在巴格达建立了宏大的图书馆，并且将搜集到手的古书译成阿拉伯文。这些书到12世纪以后又流回欧洲并被译成拉丁文。当时的译书中心主要是刚刚把阿拉伯人赶走的西班牙的托利多，其次是接近阿拉伯世界的西西里。一时间，阿拉伯人的作品迅速流行开来。

后来，欧洲人将希腊古书直接译成拉丁文（罗马典籍原来是拉丁文写的，无须翻译）。有人估计，阿拉伯人收集的希腊古书比欧洲修道院保存的还要多，特别是医学和自然科学方面的著作。这些后来都陆续译成了拉丁文在欧洲流行。

还有人认为拜占庭才是希腊古文献的最大保存者。在欧洲黑暗时代，大量羊皮纸典籍遭毁，而拜占庭保存并收进了无数古代书籍。当时的拜占庭皇帝君士坦丁七世大力提倡学术与艺术。拜占庭的藏书后来虽然在1204年与1453年遭到十字军和土耳其两次劫掠，但其时欧洲黑暗时代已经过去，拜占庭散失的典籍又流回到了欧洲，所以有人把拜占庭称为古典文化的保存者，并且认为如果不是拜占庭，今天的人们将无法看到荷马、柏拉图、索福克勒斯甚至亚里士多德的伟大作品。

上面种种说法都有一些道理，但都不是最后结论。现存的古代典籍究竟是怎么保存流传下来的，人们尚难确切断定。

·知识外延·

拜占庭：古国名。中国史籍称"大秦"，也名"拂"或"海西国"。公元395年，罗马帝国分裂为东西两部，东罗马帝国以巴尔干半岛为中心，领属包括小亚细亚、叙利亚、巴勒斯坦、埃及以及美索不达米亚和南高加索的一部分。首都君士坦丁堡，是古希腊移民城市拜占庭旧址，故又称拜占庭帝国。

伊特拉斯坎人

1928年，距罗马西北80千米的乌尔齐地，一个农夫的一头牛突然不见了，后被发现是掉进田中的一个洞里，那个洞原来是伊特拉斯坎人的坟墓。后来，经过人们的进一步探索，发现这里原来是一个庞大的古墓群，墓里埋藏着各种彩绘和雕刻品、陶器、青铜器、雕像和珠宝。从此，研究伊特拉斯坎文化成为很多人的兴趣。

伊特拉斯坎人统治意大利半岛大部分地区至少有300年，后来才被势力范围逐渐扩大的罗马人赶走。伊特拉斯坎人制造了许多精美的艺术品，并且到处旅行，广开贸易。而当时，意大利各邻邦仍然只靠农牧为生。希腊人和罗马人都推测过伊特拉斯坎人的来源。他们的艺术带有奇异的东方色彩，语言与地中海地区西部其他语言完全不相似。伊特拉斯坎人善于航海，而且他们与希腊、北非及近东均有频繁的贸易活动，所以不知是从哪个地方迁来定居的。

目前还没有破译伊特拉斯坎人的文字，因此考古学家对伊特拉斯坎人所知甚少。而现在考古学家手上有相当多的墓碑之类的铭刻，铭辞都不简单。学者只能辨认其中若干单词，这些词是用字母拼写的，有点像希腊文，然而学者对这种文字的结构和语法却知道得很少。这种文字看起来与希腊文或拉丁文都无关联。如果文字

☆ 伟大民族文化的创造背后，总有无数默默付出的学者

学家能够加以破译，那么虽然现存的文字资料不多，不足以揭开其日常生活状况，但也可以了解伊特拉斯坎语和世界其他地方的语言文字是否有关联，从而可以提供线索解开伊特拉斯坎人来源之谜。

·相关链接·

意大利半岛：意大利半岛也叫亚平宁半岛，欧洲南部三大半岛之一，在地中海中部，为意大利国土主要部分，故也称"意大利半岛"。面积25.1万平方千米，以山地、丘陵地形为主。海岸曲折，多良港。主要农产品有橄榄、柑橘和葡萄。动物有棕熊、小羚羊、狼、野猪等。矿产有汞、硫黄、硼和钾盐。大理石久负盛名。

19世纪末期，在一具木乃伊的裹尸布上发现一篇用伊特拉斯坎文写的文章。这样的文章是考古学家最渴望看懂的，这篇文章如能破译，现代人便可略知伊特拉斯坎人的生活状态。这具木乃伊是匈牙利总理公署的一位官员旅游非洲的一件纪念品，由埃及运往欧洲。这位官员去世后，木乃伊辗转送到萨格里布博物院。

博物院的人员拆开木乃伊，在内层裹尸布上发现这篇文献。专家们花了几年的时间辨认其文字，他们认为木乃伊来自埃及，那么这些文字可能是埃及文。1892年经一群德国专家鉴定，认为是伊特拉斯坎文，其上共有16行字，似乎是某种宗教传单。这一截写上文字的裹尸布被称为"木乃伊书"，显然是一大幅布匹的一部分。

☆ 时代在发展，历史上新的文明不断取代旧有文明。然而，有越来越多的被取代的文明却在历史的长河中积淀，并闪烁着它所特有的光芒

探索
人类
神秘现象

tansuorenleisheumixixiaxiang

专家们研究这个木乃伊和裹尸布后，相信那具制成木乃伊的女尸或许不是伊特拉斯坎人，由于埃及人通常不管裹尸布的来源，因此裹尸布也许是从一卷由伊特拉斯坎商人或殖民者带到埃及的亚麻布上剪下来的。自从经德国专家鉴定木乃伊裹尸布上的文字确为伊特拉斯坎文以来，有不少文字学家热衷于探索这谜一样的文献，可是至今仍无人能掌握伊特拉斯坎文的"密码"。

1964年，以研究伊特拉斯坎知名的意大利专家帕洛蒂诺教授，在罗马附近派尔基地方的一座伊特拉斯坎神庙进行发掘时，发现了三面金牌。其中两面上刻有伊特拉斯坎文，另一面则有古迦太基文，即腓尼基人的文字的铭刻。而古迦太基文是一些文字学家通晓的文字。这是不是解谜的钥匙呢？研究人员虽然没有把握，但他们仍抱有一线希望，将古迦太基文和伊特拉斯坎文加以对照比较，期望从中发现点什么。可是历时数年，徒劳无功，仍没有什么头绪。尽管内容可能有关系，三面金牌上所刻文字似乎没有可以拿来对照的地方。

目前，伊特拉斯坎依旧迷雾重重，我们只能期待考古学家有更多的考古发现，来帮助我们破译伊特拉斯坎文，从而来解开伊特拉斯坎人之谜。

·知识外延·

迦太基：迦太基腓尼基人在北非建立的国家，坐落于非洲北海岸(今突尼斯)，与罗马隔海相望。因为在3次布匿战争中均被罗马打败而灭亡。首都迦太基是到突尼斯旅游的必游之地。位于突尼斯城东北17千米处，濒临地中海。

无法破译的玛雅文明

在西班牙征服墨西哥和中美洲中部地区之前，玛雅人曾拥有西半球最伟大的文明之一。他们从事农耕，兴建巨大的石头建筑和金字塔神殿，冶炼金和铜，并使用一种现今已大部分能够解读的象形文字。但是，考察古代玛雅人的聚居地，竟然在地下河的最深处出现了玛雅人的生活用具，这让考古学家吃惊不已。难道古代玛雅人真的生活在水底吗？

19 98年，世界最有名的国际潜水科考小组之一的不列颠—哥伦比亚潜水小组在墨西哥东南的历史上玛雅古国的所在地——尤卡旦半岛考察时，发现了一条结构复杂、洞穴相连的地下河流。据颇有经验的科考人员初步估计，该河流约有300多千米长，有可能是世界上最长的地下河流。而更让他们吃惊的是，在该地下河的最深处，潜水员们竟然发现了古代玛雅人砌成的炉灶、石桌以及陶器等物！人们不禁要问：难道古代玛雅人曾经生活在水底吗？

·相关链接·

地下河：石灰岩地区地下水沿裂隙溶蚀而成的地下水汇集和排泄的通道。地下河的分布深度常和当地侵

蚀基准面相适应，由于不透水层的阻挡，或者第四纪地壳上升幅度大于溶蚀深度，地下河则高于当地侵蚀基准面，形成悬挂式的地下河。

当年，该科考小组的成员从当地一个几米宽的井口潜下水去，想了解这些位于丛林中的深井常年不干且水质清纯的秘密。没想到下井后发现，该井竟然没有尽头，潜水员潜了足有800米长，吃惊地发现井里面竟是一个无比宽广的"水底世界"。该地下河离尤卡旦半岛地面表层约有300多米深的距离，其中一条条错综复杂的地下通道，不知通往何方。水里有一些形状古怪、不知名称的水生物和小鱼、小虾等，同样好奇地在他这个陌生的访问者身边游来游去，轻啄着他的潜水服。潜水员不敢走远，因此潜回井

口，并激动地报告了他的发现。科考小组当即决定，从欧洲运来最先进的设备考察这条神秘的地下河。经科考小组的科学家们进一步研究后发现，该地下河在玛雅人的传说中早有记载，古玛雅人称之为"欧西贝哈"，意思就是"万水之源"。几个月后，一些最新测量设备、水下灯、高级潜水服、瓦斯车等，都通过马背陆续运到了位于丛林深处的现场。潜水员们立即全副武装开始了考察，开始时仅仅为了勘探一个深不可测的凹穴，潜水员就得在水底熬上12个小时。

那里地下河地形错综复杂，给考察员带来了巨大的困难。尽管无数个通道像迷宫似的让潜水员们大伤脑筋，但考察员们推测地下河的总流向应该是个大三角形。水底洞穴的世界常常是个变幻莫测的黑暗迷宫，可能一不小心，某个人就有去无回了。为了不致迷路，潜水员们都随身带着一个线轴，一端系在入口处，一端拿在手上，每前进三四米，就将线打上一个结。这样做既可以循线返回，又可以测量出前进了多少米。潜水员除了肩负测绘水下世界地形的任务外，还附带收集水下生物的样本。然而不久前的一次发现，使该科考具有了全新的意义。随着探测的深入，潜水员越走越远，在快到地下河的一半深处时，他们中有人意外地发现了一些保存完好的砌在石壁边上的炉灶、石器时代的石桌和其他一些古人类在这里生活过的遗迹。依据发现的遗物，科考小组的科学家们估计，大约在9000～10000多年前，这些古代人曾经生活在这里！

❞ 古代玛雅人在海底的遗物

此外，科考小组还发现了其他一些玛雅时期的东西，诸如破碎的陶器、玛

☆ 玛雅文化一直是人类无法破解的谜团，而像玛雅文化一样神秘的古老文明，在历史上从来不是唯一一个

☆ 美丽的大海，不知见证了多少文明的兴盛与没落

探索
人类
神秘现象

tausuorenleishenmixianxiang

雅人的遗骸等。面对这些意外发现，潜水员们感到十分震惊。玛雅文明已经够神秘的了，但他们怎么也不会想到，竟然会在地下河里发现古代玛雅人砌下的炉灶、石凳。墨西哥国家人类和历史学会的考古学家们赶来，期待对这项惊人的发现作出解释。

古代玛雅人能够在水底下生活？美国佛罗里达州某大学一考古学教授认为，在水底生活必须有类似鱼类的鳃，但他们的身体构造和今人没任何区别。因此这种假设是不大可能的。他认为在水底发现古玛雅人生活遗迹，应该从地质学的角度寻找原因。他认为，在1万多年前，墨西哥尤卡旦半岛要远远高于现在的海平面，大气中的氧化物和雨水混合形成富含碳酸的地下河水，长年累月腐蚀并"雕琢"出了这些洞穴。起初这里海平面继续降低，这些洞穴渐渐干燥起来，变得可以住人。

随着冰河时代的结束，海平面又开始升高，这些干燥的洞穴又渐渐被水注满，因此古代人不得不离开洞穴到陆上生活，但他们居住时留下的遗迹却仍旧保存在那里。洞穴和深井在玛雅人的宗教中占有相当重要的地位，他们将洞穴称之为"西诺蒂"，意思就是"神的井"，他们把它看作是到达阴间的"地狱走廊"，而不是人类居住的地方。

·知识外延·

鳃：鳃是鱼类的重要呼吸器官，鱼体与外环境的气体交换主要由鳃来完成。鳃发生病变鱼类呼吸就不畅，必然影响鱼类的正常代谢和生长。当鱼的鳃患病影响了鱼类的正常呼吸，鱼体会通过自身调节提高呼吸运动节律来弥补病鳃气体交换的不足，当鳃的气体的交换量降低到不能维持最低生命活动需要时，鱼类就会发生窒息死亡。

通晓万年前地貌的"魔图"

南极洲是世界上发现最晚的大陆，它公认的被发现时间是1818年。然而早在300多年前的土耳其地图上，却准确无误地画出了整个南极洲的轮廓。甚至在另一幅地图上，还精确地画出了1万多年以前的地球地貌。到底是谁在1万多年前绘制了如此精确的地图呢？

1929年，在土耳其伊斯坦布尔的塞拉伊图书馆，人们发现了一张用羊皮纸绘制的航海地图，当然这不是原图，而是精美的复制品。地图上有土耳其海军上将皮里·赖斯的签名，日期是公元1513年。据查，赖斯确有其人，他是著名海盗马尔·赖斯的侄子。一生以大海为生的人，拥有一张航海图本来算不了什么，但他这张航海图却与众不同。这张地图上准确地画着大西洋两岸的轮廓，北美洲和南美洲的地理位置也准确无误，特别是将南美洲的亚马孙河流域、委内瑞拉湾的合恩角等地也标注得十分精确。

·相关链接·

亚马孙河：亚马孙河位于南美洲，是世界流量、流域最大，支流最多的河流，长度位居世界第二。亚马孙河流量达每秒21.9万立方米，流量比其他3条大河尼罗河、长江、密西西比河的总和还要大几倍，大约相当于7条长江的流量，占世界河流流量的20%；流域面积达691.5万平方千米，占南美洲面积的40%；支流数超过1.5万条。

更令人惊叹不已的是，这张地图上竟然十分清楚地画出了整个南极洲的轮廓，而且还画出了现在已经被几千米厚的冰层覆盖下的南极大陆两侧的海岸线和南极山脉，其中尤以魁莫朗德地区最为清晰。南极洲现在公认是1818年发现的，比赖斯的地图晚了300多年，而且南极大陆被冰层覆盖也是15000多年以前的事情了。这幅地图的存在说明，在南极大陆还没有被冰雪覆盖以前，曾经有人画出过当时的地理面貌。但是，人类在15000多年以

☆ 遍地乱石，却是曾经的盛世

把西伯利亚和阿拉斯加连在了一起，地图上所表示的无疑就是现在的白令海峡地区。但是，西伯利亚和阿拉斯加中间的这条地带就是在那时消失在碧波万顷之下的。不知为什么，这张地图的作者竟对1万多年以前的地球地貌了如指掌，简直令人不可思议。

还有一桩怪事发生在古希腊一张普托利迈斯年代的地图上。人们从这张地图可以清楚地看到整个瑞典还被埋在厚厚的冰层下，而这个地质变动的年代已经距今很远很远了。这些地图是否正确呢？长期以来人们一直争论不休。1952年，美国海军利用先进的回声探测技术，发现了南极冰层覆盖下的山脉，与皮里·赖斯的地图对照，二者基本相同。这不亚于在科学家的头顶上炸响了一枚巨型炸弹，在震惊之余产生了一系列的疑问：是谁在一万多年以前绘制了如此精确的地图？

探索
人类
神秘现象

tansuorenleishenmixianxiang

前还处于原始石器时代，当时既到不了四周环海的南极地区，也不可能有绘制地图的先进文化，那么这幅地图的原作者又是谁呢？

1531年，奥隆丘斯·弗纳尤斯也有一张古地图，上面标出的南极洲大小和形状与现代人绘制的地图基本一样。这张地图显示，南极大陆的西部已经被冰雪覆盖，而东部依然还有陆地存在。根据地球物理学家的研究，大约在6000年以前，南极洲的东部还比较温暖，这与弗纳尤斯的地图所反映的情况十分吻合。

1559年，另一张土耳其地图也精确地画出了南极大陆和北美洲的太平洋海岸线，使人惊讶的是，在这张地图上有一条狭窄的地带，像桥梁一样

·知识外延·

南极大陆：南极大陆是指南极洲除周围岛屿以外的陆地，是世界上发现最晚的大陆，它孤独地位于地球的最南端。南极大陆95%以上的面积为厚度惊人的冰雪所覆盖，素有"白色大陆"之称。在全球六块大陆中，南极大陆大于澳大利亚大陆，排名第五。

第 七 章
伟大的古建谜团

　　著名作家果戈理曾说：建筑是时代的纪念碑。确实如此，我们总能在一些古代的建筑遗迹中探寻到古老时代的辉煌，这些古代伟大的建筑遗迹，无不在默默地向人们讲述着它们那个年代的故事。

古巴比伦"空中花园"

一提到古巴比伦文明，令人津津乐道、浮想联翩的首先是"空中花园"，它被誉为世界七大奇迹之一。同为世界奇迹，"空中花园"与古埃及金字塔和中国长城命运大不相同，因为它早就灰飞烟灭了。考古学家不甘寂寞，一批接一批按照文献提供的线索，寻找"空中花园"的遗迹，努力探求它的原貌，不能说没有成绩，不过还要继续努力。

巴比伦的空中花园当然从来都不是吊于空中，这个名字的由来纯粹是因为人们对原本除有"吊"之外，还有"突出"之意的希腊文"kremastos"及拉丁文"pensilis"错误翻译所致。千百年来，关于"空中花园"有一个美丽动人的传说。新巴比伦国王尼布甲尼萨二世(公元前605—前562年在位)娶了米底的公主安美依迪丝为王后。公主美丽可人，深得国王的宠爱。可是时间一长，公主愁容渐生,尼布甲尼萨不知何故。公主说："我的家乡山峦叠翠，花草丛生。而这里是一望无际的巴比伦平原，连个小山丘都找不到，我多么渴望能再见到我们家乡的山岭和盘山小道啊！"原来公主得了思乡病。于是，尼布甲尼萨二世令工匠按照米底山区的景色，在他的宫殿里建造了层层叠叠的阶梯形花园。上面栽满了奇花异草，并在园中开辟了幽静的山间小道，小道旁是潺潺流水。工匠们还在花园中央修建了一座城楼，矗立在空中。巧夺天工的园林景色终于博得了公主的欢心。

·相关链接·

巴比伦：古巴比伦位于美索不达米亚平原，是两河流域文明的重要组成部分。大概在当今伊拉克共和国版图内。始建于公元前3000年后期，首都在巴比伦。古巴比伦拥有流传最早的史诗、神话、药典、农人历书等，是西方文明的摇篮之一，也是四大文明古国之一。修建了著名的"空中花园"。

探索 人类 神秘现象

tansuorenleishenmixianxiang

由此可见，空中花园并不是传说中的那样"悬浮"在空中的花园，而只是人们的一种比喻。由于花园比宫墙还要高，给人感觉像是整个御花园悬挂在空中，因此被称为"空中花园"，又叫"悬苑"。当然"空中花园"本身还是奇特而壮观的，可能任何一个花园的盛况都不能和它相比。当年到巴比伦城朝拜、经商或旅游的人们老远就可以看到空中城楼上的金色屋顶在阳光下熠熠生辉。所以，到公元2世纪，希腊学者在品评世界各地著名建筑和雕塑品时，把"空中花园"列为"世界七大奇观"之一。从此以后，"空中花园"更是闻名遐迩。

令人遗憾的是，"空中花园"和巴比伦文明其他的著名建筑一样，早已湮没在滚滚黄沙之中。我们要了解"空中花园"，只能通过后世的历史记载和近代的考古发掘。关于空中花园，至今也有许多未解之谜。首先是它的建造者。尼布甲尼萨二世是巴比伦历史上最伟大的君王，很多人都认

☆ 画作中的巴比伦空中花园

☆ 残垣断壁掩盖不了曾经的繁荣与喧嚣

为如此壮观的建筑应该是他的创意。但是这只是历史的传说，并没有真实的依据。不过也有些历史资料记载，虽然提到了"空中花园"，但认为传说中的"空中花园"并不是由尼布甲尼萨二世建造的，而是一位叙利亚国王为取悦他的一个爱妃而特意修筑的。有些记载甚至认为传说中的"空中花园"实际上指的是亚述国王辛那赫里布在其都城尼尼微修筑的皇家园林。但是，在种种说法中，至今也没有一个确切的答案。

另外一个谜就是"空中花园"的全貌。很多人都只是凭借想象和故事了解到历史上曾经有过这样一个花园，但是其真实的面貌到底何等壮观，何等奇特，人们就无从而知了。人们都很想目睹这座盛况空前的花园的全貌。直到19世纪末，德国考古学家发掘出巴比伦城的遗址。他们在发掘南宫苑时，在东北角挖掘出一个不寻常的、半地下的、近似长方形的建筑物，面积约1260平方米。这个建筑物由两排小屋组成，每个小屋平均只有6.6平方米。两排小屋由一走廊分开，对称布局，周围被高大而宽厚的围墙所环绕。西边那排的一间小屋中发现了一口开了3个水槽的水井，一个是正方形的，两个是椭圆形的。根据考古学家的分析，这些小屋可能是原来的水房，那些水槽则是用来安装压水机的。因此，考古学家认为这个地方很可能就是传说中的"空中花园"的遗址。当年巴比伦人用土铺垫在这些小屋坚固的拱顶上，层层加高，栽种花木。至于灌溉用水是依靠地下小屋中的压水机源源不断供应的。

考古学家经过考证证明，那时的压水机使用的原理和我们现在使用的链泵基本一致。它把几个水桶系在一个链带上与放在墙上的一个轮子相连，轮子转动一周，水桶就跟着转动，完成提水和倒水的整个过程，水再通过水槽流到花园中进行灌溉。这种压水机现在仍在两河流域广泛使用。而且，考古学家也的确在遗址里发现了大量种植花木的痕迹。

巴比伦空中花园最令人称奇的地方是那个供水系统。因为巴比伦雨水不多，而空中花园的遗址相信亦远离幼发拉底河，所以研究人员认为空中花园应有不少输水设备。奴隶不停地推动紧连着齿轮的把手，把地下水运到最高一层的储水池，再经人工河流返回地面。另一个难题，是在保养方面。因为一般的建筑物，要长年抵受河水的侵蚀而不塌陷是不可能的，由于美索不达米亚平原没有太多石块，因此研究人员相信空中花园所用的砖块是与别处不同的，它们被加入了芦苇、沥青及瓦，更有文献指出石块被加入了一层铅，以防止河水渗入地基。

然而，到目前为止，在所发现的巴比伦楔形文字的泥版文书中，还没有找到确切的文献记载。因此，考古学家的解释是否正确仍需进一步研究。总之，传说中的"空中花园"，它的真实面目依旧隐身于历史的迷雾之中。

·知识外延·

石油沥青：石油沥青是原油加工过程的一种产品，在常温下是黑色或黑褐色的、黏稠的液体、半固体或固体，主要含有可溶于氯仿的烃类及非烃类衍生物，其性质和组成随原油来源和生产方法的不同而变化。石油沥青的主要组分是油分、树脂和地沥青质，并含 $2\% \sim 3\%$ 的沥青碳和似碳物，还含有蜡。沥青中的油分和树脂能浸润沥青质。沥青的结构以地沥青质为核心，吸附部分树脂和油分，构成胶团。

☆ 画作中的空中花园近景

神秘的金字塔

金字塔是古埃及文明的标志。欲知古埃及文明必从认识金字塔开始。而金字塔确实处处有谜，仅就其中反映的数学问题、力学问题、材料问题就够人们伤脑筋了。况且，金字塔的建造是在四五千年之前啊！

提起古埃及文明，最广为人知的就要数埃及的金字塔了。多少年来，它似乎已经成了埃及文明的一个标志，傲然矗立在尼罗河畔的埃及大地上，和沙漠山丘、静静流淌的河水浑然一体，诉说着埃及这个神秘古国的悲壮和沧桑，成为世界著名的景点之一。埃及金字塔之所以闻名，并不仅仅在于它壮观奇特的外形，也不仅仅在于巧夺天工的建造工艺，而是在于它的神秘。金字塔本身就像是一个集中了各种谜题的迷宫，吸引着世界各地的人们对它向往，向它张望。从它的建造材料到它的建筑风格，每一个细节都能引发人们的诸多疑问，包括它是如何建造、如何选材的等等。而这些谜题至今也没有人能很好地解释，因而它一直成为全世界最著名的而且最广为人知的文明之谜。

众所周知，金字塔是埃及古代奴隶社会的方锥形帝王陵墓。数量众多，分布广泛，开罗西南尼罗河西的古城孟菲斯一带最为集中。吉萨南郊8000米处利比亚沙漠中的3座尤为著名，称吉萨金字塔。其中第四王朝法老胡夫的陵墓最大，建于公元前20世纪，高146.5米，相当于40层高的大厦，底边各长230米，由230万块重约2.5吨的大石块叠成，占地面积5.39万平方米。塔内有走廊、阶梯、厅室及各种贵重装饰品。全部工程历时30余年。塔东南有巨大的狮身人面像。

·相关链接·

尼罗河：是世界第一长河，非洲主河流之父，位于非洲东北部，是一条国际性的河流。尼罗河发源于非洲中部布隆迪高原，流经布隆迪、卢旺达、坦桑尼亚、乌干达、南苏丹、苏丹和埃及等国，最后注入地中海。干流自卡盖拉河源头至入海口，全长

6671千米，是世界流程最长的河流。

古埃及人认为人死后，尸体要制作成木乃伊，在若干年后会复活。为了有一个安全封闭的地方能存放木乃伊，人们发明了金字塔。金字塔的外形就涵盖了希望死者升天的观念。所以金字塔都是梯形结构，下面四方，上面尖窄，象征着人的灵魂由地升天的全过程。关于金字塔，至今还包含着许多未解之谜。

首先，就是金字塔材料的运送问题。我们都知道，胡夫金字塔是用200多万块巨石垒起来的，每块石头平均有2000多千克重，最大的有100多吨重，整个胡夫金字塔需要上百万吨石料。很多科学家都认为这些巨石是从尼罗河东岸开采出来的，距离金字塔还有上千千米的路程。那么，在没有起重工具和没有吊车的埃及，这么多石料是如何运送的呢？迄今为止还是一个谜。

被称为"西方史学之父"的希罗多德曾记载，建造胡夫金字塔的石头是从"阿拉伯山"（可能是西奈半岛）开采来的。不过我们现在知道，石头多半是本地开采的，修饰其表面的石灰石，是从河东的图拉开采运来。在那时开采石头并不容易，因为当时人们并没有炸药，也无钢钎。埃及人当时是用铜或青铜的凿子在岩石上打上眼，然后插进木楔，灌上水，当木楔子被水泡胀时，岩石便被胀裂。这样的方法在今天看来也许很笨拙，但在4000多年前，却是很了不起的技术。从采石场运往金字塔工地

☆ 金字塔成为这片土地上特殊的标志

☆ 人们总是忍不住在金字塔前驻足

也极为困难。古代埃及人是将石头装在雪橇上，用人和牲畜拉。为此需要宽阔而平坦的道路。修建运输石料的路和金字塔的地下墓室就用了10年的时间。

在建造胡夫金字塔时，胡夫强迫所有的埃及人为他做工，他们被分成10万人的大群来工作，每一大群人要劳动3个月。这些劳动者中有奴隶，但也有许多普通的农民和手工业者。古埃及人是借助畜力和滚木，把巨石运到建筑地点的。他们又将场地四周天然的沙土堆成斜坡，把巨石沿着斜坡拉上金字塔。就这样，堆一层坡，砌一层石，逐渐加高金字塔。仅建造胡夫金字塔塔身就花了整整20年的时

间。对于希罗多德的说法，后人提出了许多的疑问。但是到今天仍然是一个没有人能做出完满答案的难题。人们怎能不佩服古埃及人的伟大力量和智慧！

其次，是金字塔的建筑之谜。金字塔由巨大的整块石料从低到高一层层垒加上去的。这种锥体的结构需要精密的计算和几何学研究才能完成。即使现代人，要垒起一座如此巨大的建筑也不可能保证精确到百分之百。但是奇怪的是，远在4000多年前的古埃及人却做到了。他们不仅让每块巨石完整无损地垒加，在没有任何切割工具的情况下，他们完美地切割了巨大的石块，保证它就是金字塔需要的形状和长度；更让人匪夷所思的是，在当时没有任何黏合剂的情况下，他们竟然能够保证石块和石块之间的严丝合缝，不仅没有一个大的缝隙，甚至连一根针都扎不进去——俨然天然形成的整体一般！真让人赞叹其建筑的鬼斧神工！古埃及人是如何计算并且切割石料，又是如何如此精确地将它们垒加的？这至今仍然是一个谜。

最后，是金字塔的数字之谜。有人对最大的金字塔——胡夫金字塔测量和研究后，提出了许多蕴含在大金字塔中的数字之谜。譬如：延伸胡夫大金字塔底面正方形的纵平分线至无穷则为地球的子午线；穿过胡夫大金

字塔的子午线，正好把地球上的陆地和海洋分成均匀的两半，而且塔的重心正好坐落在各大陆引力的中心。

把大金字塔底面正方形的对角线延长，恰好能将尼罗河口三角洲包括在内，而延伸正方形的纵平分线，则正好把尼罗河口三角洲平分。大金字塔的底面周长230.36米，为362.31库比特（古埃及一种度量单位），这个数字与一年中的天数相近。大金字塔的原有高度146.7米（现已塌落至137.3米），乘以10亿，约等于地球到太阳之间的距离。大金字塔4条底边长之和，除以高度的两倍，即为3.14——圆周率。金字塔的法老像大金字塔高度的平方，约为21520米，而其侧面积为21481平方米，这两个数字几乎相等。

从大金字塔的方位来看，4个侧面分别朝向正东、正南、正西、正北，误差不超过0.5度。在朝向正北的塔的正面入口通路的延长线处放一盆水代替镜子，那么北极星便可以映到水面上来。这些数字关系是一种偶然巧合，还是建造者的有意设计？许多科学家指出，这些数字关系并不是那么神秘，譬如：以52度左右倾斜面建造的四方角锥，用其高h去除其底边s的两倍，即2s/h，都得到接近π的值。据古希腊历史学家希罗德的记述，埃及人建造胡夫大金字塔时使角锥的每一面的面积等于锥高的平方，按这个方案设计确实可以得到这种数字关系。

此外，还有些数字反映了古埃及人民在数学和天文学方面取得的杰出成绩。比如，古埃及人已懂得用水面定位的方法（即先灌水，利用水平面平整地基），获得精确的地平面；古埃及人选定一颗（或几颗）恒星，借助简单器械仔细观测，记录恒星在地平线上的出没位置，然后平分从观察点到恒星出没点形成的角就测出了子午线。

当然，也有些科学家提出不同看法。他们认为事情并非那么简单，为什么除大金字塔外，其他建筑物不能提供那么多代表相当科技水平的数字？以古埃及人的科技知识水平能建

☆ 与金字塔相比，似乎一切都显得那么渺小

☆ 每天参观金字塔的游人往来不断

造出奇迹般的充满谜的金字塔吗？

看来，事情确实并不简单，持不同观点的科学家们仍在争论……

另外，据说金字塔还有许多天文之谜，如从胡夫金字塔内部被称为"甬道"的地方望去，正好望到的是北斗七星！而古埃及人是如何计算出恰巧能在这个位置看到北斗七星呢？这实在也是一个谜题。金字塔内部的壁画上，也表现了许多埃及文明的成果，如算术、医学、天文等等，无一不令人赞叹。很多成果都不能让人相信是4000多年前的人们就能掌握的，如开颅手术、行星位置等等。

总之，金字塔就像是上天摆在人们面前的谜书，到处充满了秘密。而这些秘密，也只能等到人类的科技达到较高水平后才能一一破解。

金字塔内部的奥秘

金字塔的外部构造已让人们不解——何以数千年前就已达到那样高的水平，而金字塔的内部构造更让专家分析得离谱，简直有点神乎其神了。人们不禁要问，这还是人造的吗？假如有人对你说：某个现代建筑不但包含了天文学和数学公式及定理，而且用工程学术语表达了对上下4000年人类发展历程的预言，那你会怎么想呢？也许你会认为这根本是个奇迹。但金字塔就是这样的奇迹。

金字塔位于开罗西边，尼罗河河谷绿洲和撒哈拉沙漠交汇处的吉萨。它的尺寸具有奇迹般的天文学和数学的准确性，它不但预示了未来四五千年宇宙发展的进程，而且记载了以往两三千年的人类历史。

在世界七大奇迹中，金字塔位居第一。迄今为止，我们对金字塔的了解无非是种种猜测。

金字塔预言猜想

早期的金字塔是阶梯状的，如奇阿普斯和哈夫拉金字塔，只是外面有一层平整的抹面材料。这种阶梯状建筑的原意可能是给已故的统治者送一部升入天国的阶梯。

有的研究专家推测，金字塔的功能不仅是当墓穴，在统治者健在时还起礼仪建筑的作用。当初，在未完工的金字塔前，都要建一座小型宫殿，统治者在位33年及此后每隔3年都要在那里庆祝法老的生辰。法老在庆典中，要向近臣证明，他是一个英明的君主、勇敢的军人和生殖功能非凡的男子。

有的研究专家认为，金字塔的石块蕴藏着一套相互有内在联系的数字、尺寸、重量、角度、温度、方位、几何题和宇宙信息的密码。还有些人认为，它是太阳观象台。

第三类研究专家认为，金字塔对生物和非生物有一种物理作用。加利福尼亚有一个商人做了许多小金字塔，说是它有积聚能量作用。在他的模型金字塔里，牧草幼苗长得快，狗待了几天就会习惯于素食。牙科医生在手术椅上挂了72只小金字塔，病人

☆ 金字塔特写

☆ 金字塔除去建筑本身，究竟隐藏着怎样的奥秘，一直吸引着人们探索的欲望

疼痛感减轻，伤口愈合快。罗马尼亚人利用金字塔形的装置为水杀菌。有人发现，在金字塔形建筑中，爱哭闹的儿童会很快平静下来，病人睡眠安稳，妇女经期出血减少，人们头脑清醒，性功能改善。

金字塔的建筑者们打算向后人预言些什么，又是以什么方式作出这些预言的呢？学者们认为金字塔预言了关于"世界的救主"的降临。人们知道，关于救世主降临人间的预言完全来自希伯来人的文化，而后来基督教的传播更满足了那些企盼救世主的人们的信仰。他们认为，随着救世主的降临，一切渴望和憧憬都将变为现实。一些人甚至认为，每到人类发展的关键时刻，人们就渴望出现救世主。在耶稣诞生以前，埃及的希伯来人迎来了摩西，波斯出现了查拉如斯特拉，希腊出现了欧菲斯，印度出现了佛陀，中国出现了老子和孔子。耶稣出世后不久，沙漠上的闪米特人所盼望的穆罕默德也出现了。

古埃及时代，希伯来人在出埃及之前就曾盼望过救主，时间大约在耶稣诞生前2000年。古埃及流传着一则古老预言，认为人类的一位救主将降临世界。预言中的想象与后来的《圣经·新约》相符。耶稣出现在巴勒斯坦以前很久，古埃及人就知道了他出世的目的、他殉难的方式、最后的晚餐以及他的生活和教诲的大量细节。金字塔学家甚至认为，连《圣经·旧约》中关于救世主来临的内容也与金字塔有关。

《旧约·以赛亚书》中的两段话被认为是把金字塔作为救主临世的象征的证明："到那天，埃及土地中央将有献给上帝的祭坛，在埃及边界上将有一根献给上帝的石柱。它们是上帝出现在埃及的象征。""当那里的人受到压迫，向上空高喊求救时，

探索
人类
神秘现象
tuosuorendeishenmixianxiang

上帝将会派一位伟大的救主，他将拯救他们。"（《以赛亚书》第19章第19-20节）。

古话说，时间惧怕金字塔。金字塔内部究竟藏了多少秘密，没有人说得清。最使人毛骨悚然的是埃及考古学家马苏博士宣称，当他经过4个月的发掘，在帝王谷下8米多的地方打开一座古墓石门的时候，一只大灰猫，披着满身尘土，躬着背，嘶嘶叫着，凶猛地向人扑来，几个小时以后，猫在实验室里去世了，然而，它忠实地守卫着主人，守了整整4000年。

有的科学家认为：金字塔的结构是一个较好的微波谐振腔体，微波能量的加热效应可以杀菌，并且使尸体脱水，而在这个腔体中，可以充分发挥微波的作用。可是，当年的人们怎么知道利用微波呢?有的科学家认为：任何建筑物都可以根据它们的外部形状而吸收不同的宇宙波，金字塔内的花岗岩石具有蓄电池的作用，它吸收各种宇宙波并加以储存，而金字塔内所产生的那种超自然力量的能，正是宇宙波作用的结果。但是4000年前的法老，怎么能认识宇宙波，并且发现宇宙波与石质的关系呢?

·知识外延·

东方金字塔：被称为"东方金字塔"的西夏王陵，位于贺兰山中段东麓，距宁夏银川市城区（西夏都城兴庆府）35千米。陵区东西宽4.5千米，南北长10千米，总面积近50平方千米，陵区内共有9座帝陵，约250座陪葬墓。西夏王陵考古调查与发掘工作是从20世纪70年代初开始的，宁夏文物考古工作者先后对5、6、7和3号陵以及一些陪葬墓进行了局部发掘。

☆ 古老的金字塔与远处繁华的现代城镇

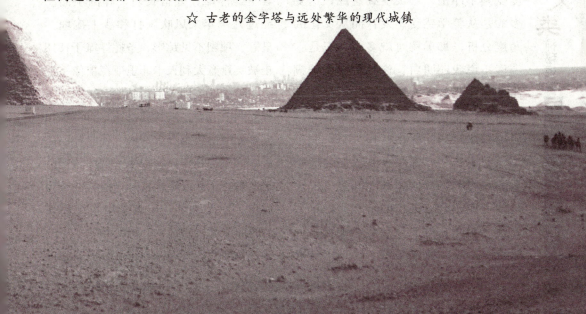

狮身人面像

对狮身人面像这样的遗迹，从文化的角度分析和从旅游角度的观赏得到的结果不一样。旅游者更多的是从美学感受出发，从视觉角度受到了冲击，心灵受到震撼；而从文化的角度分析，那奥秘可就多了。

在埃及金字塔的左侧，矗立着一个巨大的雕塑，它的面容是人的面容，但是却有狮子的身子，故人们把这座神奇的雕像称为——狮身人面像（又译"斯芬克斯"）。它与埃及金字塔同为古埃及文明象征的遗迹。

对狮身人面像这样的遗迹，从文化的角度分析和从旅游角度的观赏得到的结果不一样。旅游者是从视觉角度受到了冲击，心灵受到震撼，这更多的是从美学感受出发；而从文化的角度分析，那奥秘可就多了。正是："你不说我还明白，你越说我倒越糊涂了。"从狮身人面像正面测量，其高21米，长57米，耳朵就有2米长。除了前伸达15米的狮爪是用大石块镶砌外，整座像是在一块含有贝壳之类杂质的巨石上雕成的。其面部是古埃及第四王朝法老哈夫拉的脸型。相传公元前2611年，哈夫拉到此巡视自己的陵墓——哈夫拉金字塔工程时，吩咐

为自己雕琢石像。工匠别出心裁地雕琢了一头狮身，而以这位法老的面像作为狮子的头。在古埃及，狮子是力量的象征，狮身人面像实际上是古埃及法老的写照。雕像坐西向东，蹲伏在哈夫拉的陵墓旁。由于它状如希腊神话中的人面怪物斯芬克斯，西方人又以"斯芬克斯"称呼它。

原来的狮身人面像头戴皇冠，额套圣蛇浮雕，颏留长须，脖围项圈。经过几千年来风吹雨打和沙土掩埋，皇冠、项圈不见踪影，圣蛇浮雕于1818年被英籍意大利人卡菲里亚在雕像下掘出，献给了英国大不列颠博物馆。胡子脱落四分五裂，埃及博物馆存有两块，大不列颠博物馆存有一块（现已归还埃及）。像的鼻部已缺损了一大块，据说是拿破仑士兵侵略埃及时打掉的，实为讹传，它是被朝圣游客、中世纪伊斯兰苏菲派教徒砸掉的。历经4000多年的狮身人面像，现已痼疾缠身，千疮百

孔，颈部、胸部腐蚀得尤其厉害。1981年10月，石像左后腿塌方，形成一个2米宽、3米长的大窟窿。1988年2月，石像右肩上掉下两块巨石，其中一块重达2000千克。

· 相关链接 ·

埃及博物馆：埃及博物馆1902年建成开馆，是世界上最著名、规模最大的古埃及文物博物馆。该馆收藏了古埃及从史前时期至希腊、罗马时期的雕像、绘画、金银器皿、珠宝、工艺品、棺木、石碑、纸草文书等共30余万件，其中大多数展品年代超过3000年。

狮身人面像的寓意

狮身人面像雕塑让人为之惊叹，

四五千年前的人类，凭着当时的技术手段，竟然能建造出这样一尊庞大而又奇特的塑像！人们在赞叹之余，会思考这样一个问题：古埃及人是出于何种目的、基于何种信仰才建造了这样一个人头、狮身、牛尾、鹫翅的合体怪兽呢？古人要向后人传达什么样的信息呢？而且，在古埃及遗址的每一个角落：墓地、石碑、雕塑、器皿、装饰、绘画……几乎都可以找到一种被称之为"斯芬克斯"的古怪图案，它们无一例外地均为人兽合体，尽管在表达方式上不尽相同，但是它们都是由人、狮、牛、鹰共同组成。在南美落基山、在日本岛、在世界屋脊藏传佛教的那些寺庙里，以及世界上许多其他地方，我们都能找到这种类似于人兽合体的东西。也许我们可以将其称为"斯芬克斯现象"或"斯芬克斯

☆ 狮身人面像侧面近景

☆ 狮身人面像更像金字塔的守护神

文化"。

据考察，这些圣兽往往象征着某种神力，它们能够拯救人类于水火之中，能够医治或者复活人类中的英雄，甚至可以直接降临人间，以拯救正一步步走向衰败的人类社会……也许，我们可以这样假设：远古的社会里，有一种智慧的象征，类似于这种斯芬克斯的寓意，它从人类记忆的深处，从远古时代走来，在某一个历史与现实的交汇点，获得了足够的能量之后，将再一次以生命的形象突然呈

现于我们的眼前。

有人认为，狮身人面像实际上与黄道中的狮子座相暗合，象征着权力和政治。同时，它又是复活与生命之神，因为它面朝正东，每天清晨，代表着生命与复活的太阳神阿波罗将阳光洒照在它的脸上。若按照这样的说法，与黄道中狮子座相对应的位置，应该在狮身人面像的前方，也就是说，应该位于狮身人面像的前足下。而事实上，狮身人面像的地理位置和建筑风格让人们对这些猜测充满了疑问。也许，这其中蕴含着一个更深的

寓意，还等待着后人前去探索；也许，它本身的确仅仅只是一个错误。

金字塔的经文可以为我们揭开这个谜。

《梅路西》是《旧约》的一个十分古老的副本，大约流传于公元3世纪的欧洲，在这本书中，记载了这样一些事情："人们看见有千只生物在空中打斗，它们有着狮身、人头、牛尾、鹫翅。那些奇特的生物偷走了伊凡卡天神护佑万物的《智慧之书》，惹恼了伊凡天神。于是，他命自己的儿子伏加天神夺回圣书。双方在迪拜进行决斗，伏加天神终于胜利，夺回了圣书。那只怪物被贬下凡间，隐藏在森林海外，专找那些不善思考的人，把他们吃掉。据传，那本圣书后来又被偷走，藏在狮子座的附近。"如果书中的记载属实，那么人类所寻找的，不就是那本《智慧之书》吗？它究竟藏在哪里？有了它，狮身人面像的寓意就可以破解。

在狮身人面像附近，受到启迪的人们仔细地搜索着，终于，发现了一个神奇的地洞。地洞里面静静地躺着一部羊皮书手稿，它是用古拉丁文写成，成书时间大约在公元前8世纪，作者署名为丹尼斯。难道这就是传说中的《智慧之书》？由于古拉丁文几近失传，故对此书的解读费了不少周折。不过，即便仅从已破解的部分来看，

这本书也足以让我们感到惊讶了。这本羊皮书的作者作了如下类似的说明：狮身人面像其实就是这4个星座的合体。狮子对应着狮子座，象征着权力，代表一个社会的政治；人头对应着天秤座，象征着精神，代表一个社会的宗教；鹫翅对应着天蝎座，在古代，天蝎座又被称为天鹰座，它象征着智慧，代表一个社会的科技；牛尾对应着金牛座，象征富有，代表一个社会的经济。

政治、宗教、科技、经济是构成我们人类社会的四大支柱。显然，如

☆ 狮身人面像仿佛在凝望远方

☆ 据说狮身人面像原本是戴有王冠的，只是年久风蚀，早已在岁月中逝去了

果这四大支柱发生动摇，我们的社会就会坍塌。那么，狮身人面像会不会是古代的人们为了告诫和提醒自己的子孙而建造的呢?他们凭着什么力量或者说受到什么人的点拨，竟看见了我们人类的未来呢?无疑，这些都还是一个谜。而且，尤其让人惊讶的是，有人认为狮身人面像的建造时间，不是先前推测的古埃及的第四王朝，而是在整个北非大陆尚属一片绿洲的1万年前!

也许，这样长的时间，足以埋葬一个古老的文明，正如已沉没于大西洋里的神秘的大西洲文明一样。在那样一个比《圣经》中的诺亚遭遇洪水还要古老的年代里，也许人和动物是和睦地生活在一起的，在那时，人就是神的化身。那位神秘的先知虽然知道人类的"末世"，却又无力拯救。于是，他将自己所知道的一切化作一尊石雕，立于吉萨高地。后来在此地繁衍生殖的古埃及人便照此建立起了象征着自己辉煌文明的诸多建筑，以自己的方式诠释着这尊石像的内涵。

遗憾的是，人类没有能正确地破译出狮身人面像所要传达给我们的信息，以至于延误了这么多个时日。也许将来会有另一种不为我们所知的宇宙智慧来破解这些秘密，那也说不定!

尼尼微古城

古巴比伦文明的确繁荣过很长一段时期，而且留下了大量文献供后人参考。可是它最辉煌的见证之一——尼尼微古城的风貌如何，一直让考古学家着迷。

尼尼微古城是位于美索不达米亚平原中部的城市，新亚述帝国的都城，它是古巴比伦文明繁荣时期的见证和集中地。

这个曾经反映了巴比伦文明盛况的城市，而今却已经被掩埋于茫茫的黄土之中，成为历史的遗迹。关于它的原貌至今仍然是一个谜。

·相关链接·

美索不达米亚平原：美索不达米亚平原在中东两河流域，是一片位于底格里斯河及幼发拉底河之间的冲积平原，在现今的伊拉克境内。那里是古代四大文明的发源地之一古巴比伦所在，有高度发达的文明。两河流域是世界上文化发展最早的地区之一，为世界发明了第一种文字——楔形文字，建造了第一个城市，编制了第一种法律，发明了第一个制陶器的陶轮，第一个制定了7天的周期，第一个阐述了上帝7天创造世界

和大洪水的神话。

据说尼尼微曾是辛拿切利甫王国的首都，这个王国曾同以色列部落和犹太部落交战。在《圣经》中记载着这样一段话："耶和华必伸手攻击北方，毁灭亚述，使尼尼微荒芜，干旱如旷野。"虽然古巴比伦仅残留下一个土丘，但它的地点无人不知。

那么尼尼微这座亚述的故宫，在美索不达米亚的什么地方才能寻找到呢?随着19世纪的石刻文字——巴

☆ 古巴比伦古老的图形

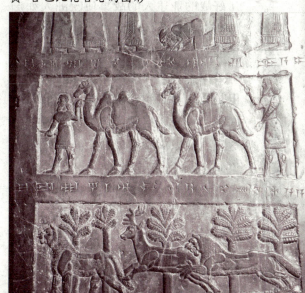

☆ 尼尼微古城遗迹

比伦文字的逐步破解，尼尼微的秘密正在慢慢被揭示出来。有关史学家发现的那些老于世故而又颓废的巴比伦人的故事，以及《圣经》上讲述的凶猛好战的亚述人的故事使欧洲人如痴如醉。一位名叫波塔的法国领事，为了能找到尼尼微的遗迹，曾先后在莫索、库羊吉克等地发掘土丘和山坡，但是最终只找到几块石头。随后，他来到了一个叫喀霍沙巴德的地方，在这里，他兴高采烈地向全世界宣布，说他已找到了尼尼微。

波塔在喀霍沙巴德发掘出了许多大雕塑：长翅膀的牛身人头宫廷卫士，4.5米高的国王与神灵的石膏肖像以及其他雕塑品等等。法国政府命令他将出土的古物送回法国。可是搬运工作极其艰难，几乎无法实施。波塔和汗水淋漓的工人们历尽千辛万苦，总算把这些战利品搬上了底格里斯河的筏子。

这些古物漂到波斯湾，绕过南非好望角，来到了法国，顿时引起了轰动。这些古物不仅创造了新的亚述学研究，并且创造了一种称为"亚述复兴"的新时尚。一时间，流行的家具、装饰品、珠宝以及妇女的服装都带有古亚述王宫的图案风格。

英国人不甘心让法国人独享发现

探索 人类 神秘现象

Tansuorenleishenmixianxing

亚述城的功劳，于是也急忙派代理人去了美索不达米亚。代理人名叫勒亚德，是个探险家，年轻时在中东许多地方旅行过，在亚述学方面颇有一些研究。

勒亚德一到达莫索，就马上派人在莫索附近的土丘处开始发掘。夜幕降临之前，他的工人们已发现了两个亚述宫殿遗址。不久，他就发掘出了象牙雕刻、楔形文字碑和记载战斗场面的雕塑画板。勒亚德深信，是他而不是波塔找到了真正的尼尼微遗址。

亚述王宫

和波塔一样，勒亚德对古遗址并没有进行科学考察，只是一门心思地寻找惹眼的东西，然后运回国去。不久，大量的飞狮飞牛和其他宝藏开始踏上艰险的旅程，漂洋过海，在庄严的伦敦博物馆里再现风采。

虽然大量的亚述古物出土，但后来的史学家考证，勒亚德和波塔发现的都不是尼尼微的真正遗址。勒亚德发现的第一个遗址其实是尼姆路德，与波塔发现的喀霍沙巴德相似，它们与尼尼微一样，都曾作过亚述帝国的首都。那么，尼尼微到底埋藏在什么地方呢？

1847年，勒亚德开始发掘库羊吉克，波塔在发现喀霍沙巴德之前曾检测过这个山谷，然而挖掘到一半就放弃了。实际上，在库羊吉克土下6米处，有大量的文物存在。翻译楔形文字的亨利·罗林逊很快证实：库羊吉克就是长期被人们寻找的尼尼微古城！

库羊吉克才是传说中的亚述王国最强大的首都尼尼微，才是《圣经》中所说的先知约拿布道的地方。尼尼微遗址被证实后，勒亚德在这里发掘出了国王辛拿切利甫的部分宫殿。宫殿拥有71间房间，其中一间是随后建造的图书馆，这是辛拿切利甫的孙子阿西巴尼浦的杰作。图书馆收集了当时亚述人所知的全世界各地的书籍，从语言、历史、文学、宗教到医学，包罗万象。宫殿至少还有27个入口，每一个都由巨大的牛、狮或者狮身人面石雕卫士守卫着。而那些记载着亚述历史和神话的石雕壁画，如果连接排列起来，几乎有3000多米长呢！

由于不满大英博物馆提供的资金

☆ 古老的石刻雕像

探索 人类 神秘现象

tansuorenleishenmixianxiang

☆ 古老的建筑反映着古老的文明

数目，勒亚德于1851年离开发掘地，返回了英国。来自阿拉伯、伊拉克、法国、德国、英国以及美国的考古队陆续抵达美索不达米亚，进行着零零星星的发掘。有的发掘者高度重视科学考察价值，有的则仅仅算是劫墓暴发户。直到20世纪，人们才真正开始了对尼尼微、尼姆路德以及其他古代美索不达米亚城市的科学考察。

大约在公元前2000年，美索不达米亚孕育了巴比伦文明和亚述文明。公元前12世纪，亚述在国王格拉派尔塞的强有力的统治下曾一度繁荣昌盛；然而在格拉派尔塞死后，国家曾一度衰落；公元前883-627年，在国王辛拿切利甫和国王阿西巴尼浦等在位期间，亚述又重新恢复了往日的辉煌和荣耀。

辛拿切利甫国王在位时，尼尼微成为亚述帝国的首都：城市建在山上，围墙长达12千米长，至少有5处因修造城门而被断开；也许还有更多的城门，只是尚未发掘出来。山顶最高处建有辛拿切利甫国王的皇宫，占地面积8000多平方米。为了建造这座歌颂他荣耀的丰碑，辛拿切利甫国王从土耳其、波斯和巴比伦引进了大批能工巧匠。这些人又带来了如香木、象牙、金、银以及白色石灰石一类的罕见材料。

宫殿四周花园环抱，园林水源充足，葱翠繁茂；殿内房屋设施舒适，由水井、滑轮、吊桶等物构成的一套精致的供水设施将水送到国王的浴室；浴室内有淋浴设备，格子窗和通风扇不断向室内送入新鲜空气，一个带轮子的移动火炉在寒冷时为房间供热。辛拿切利甫的孙子阿西巴尼浦则建造了令人难忘的宫廷图书馆，当时他曾对一位巴比伦大臣下令说，"只要你知道而亚述没有的稀世碑匾，都给我找来"。

公元前627年，阿西巴尼浦去世后，亚述帝国再次衰落。不久，来自波斯和巴比伦的入侵者占领了尼尼微。公元前605年，巴比伦国王尼布甲尼萨二世击败了亚述帝国的残余部队，从此，亚述王国消失在了历史的废墟中。

希伯来先知则法尼的臣民们曾一度受过亚述人的压迫，看到尼尼微的崩溃，则法尼十分开心地评论道："看看这得意洋洋的城市遭受的惩罚吧！它曾经那么不可一世，自以为谁也不如我强；如今已成了沙漠，成了野兽的聚集地。无论谁经过那里都会嗤之以鼻，不屑一顾。"然而庆幸的是，经过几代探险者、考古学家和学者们的艰辛努力，尼尼微城这座亚述故宫的遗迹又来到了人们面前。

·知识外延·

波斯是伊朗的旧称，波斯文明是众多古代文明中发展程度较高的民族。公元3世纪，波斯帝国出现在历史舞台，全盛时期领土东至巴基斯坦，西北至土耳其和欧洲的马其顿、色雷斯，西南至埃及。汉语"波斯"亦指苏木都剌国。

☆ 石壁上的浮雕

宙斯雕像

宙斯，希腊众神之神，是奥林匹亚的主神，为表达人们的崇拜而兴建的宙斯神像是当世最大的室内雕像。其所在的宙斯神殿则是奥林匹克运动的发源地。拜占庭的菲罗记述世界七大奇观说："我以其他六大奇观为荣，而敬畏宙斯神像。"

大家都知道奥林匹克运动会起源于希腊，但是作为举办运动会来祭祀的宙斯神的雕像，恐怕知道的人就不多了。它可是世界奇迹之一呢！奥林匹亚最早期的建筑物是用木头和砖块建成的，但随着社会的发展，这些旧的建筑物已经逐渐倒塌，后来的建筑物多是用石块来砌成的，其中最为著名的石砌建筑物就是以宙斯本人名字命名的神庙。

宙斯神庙是神的圣庙，但建造它并非是为了用来收集朝拜者供奉的祭品，这种活动是在圣殿之外的巨大的宙斯祭坛上进行的。当奥林匹克运动会进行到一半的时候，要在那儿宰杀并火烧100头公牛来献给宙斯。与阿尔菲奥斯河水混合在一起的骨灰堆积在祭坛上，多个世纪以来，已逐渐形成了一个巨大的土丘。神殿建筑是为使神圣的祭祀过程免受自然的干扰。在宙斯神庙内深处那个神圣地方的画像向祭祀者展示了宙斯本人的形象。随着时间的流逝，来到奥林匹亚的人们更主要的是为了来感受其宏伟博大的气势和悠久的历史，而并不是为了其神圣性，就像今天的许多大教堂一样，这座神殿也具有某种博物馆的味道。

在新的神殿建成后的许多年里，它肯定已收藏了某些古老的或令人崇敬的祭物，也许有一些是来自某个早期的较小的神庙，诸如一块奇形怪状的石块或木板。但要想回到公元前15世纪那种盛行的神圣气氛中，需要一个具有非凡神力的令人难以忘怀的形象。祭司们为找到一位能建造一尊充分体现众神之王威严的雕像的人作了长时间的努力，最后，他们选择了雅典公民查姆狄斯的儿子菲狄亚斯来完成这项伟大的使命。

菲狄亚斯的雕像虽被认为是非常出色的，但他本人在公元前438年或

探索 人类 神秘现象

tansuorenleishenmixianxiang

437年却因藐视他在帕提农神庙设计的雅典娜像而被驱逐出雅典。他的一位伙计名叫梅农，指控他贪污了用于建造雕像的金子，菲狄亚斯似乎也不能提供出建造这尊雕像各个部分所用黄金的准确数字，他自己也情愿被流放以免受公众羞辱。但是事实上这项指控肯定是出于政治动机，菲狄亚斯是政治家伯里克利的朋友，伯里克利对平民的见解和个人威望是在重建公元前480年被波斯人毁坏的雅典光荣史中建立起来的。伯里克利有一些政敌，他们总是抓住每个机会来诋毁他，他的朋友、雕刻家菲狄亚斯所受的冤屈就是这种诋毁的牺牲品。

·相关链接·

奥林匹克运动会：奥林匹克运动会（简称奥运会）是国际奥林匹克委员会主办的包含多种体育运动项目的国际性运动会，每4年举行一次。奥林匹克运动会最早起源于古希腊，因举办地在奥林匹亚而得名。奥林匹克运动会现在已经成了和平与友谊的象征，它是一种融体育、教育、文化为一体的综合性、持续性、世界性的活动，也是一种文化

☆ 宙斯神庙近景

☆ 经历了漫长岁月的打磨，宙斯神庙虽然有些残破，可是它依旧傲然屹立着

的传播体现，这样的传播在奥运会中能得到充分的展示。

尽管受到这种指控，但其后不久菲狄亚斯就来到奥林匹亚，开始他的这项伟大的创作。菲狄亚斯被赋予了建造宙斯神像的重任，标志着奥林匹亚议会对他的信任，也表明菲狄亚斯对雅典是清白无辜的。还在雅典时，菲狄亚斯就发明了一种建造大尺寸黄金、象牙雕像的技术。首先，在建雕像的地方竖起一个木制框架，其大小与要完成雕像的尺寸相同。象牙薄片被雕刻用来装饰头、手、足等处，贵金属片则做成衣饰和其他装饰，以后这些饰品也被用来装饰神像外部的其他地方。每件饰品之间都要衔接好，每个衔接处都要经过仔细装饰，最后形成一个有着坚固外形的雕像。

菲狄亚斯没有留下任何材料来告诉人们，他是怎样历尽艰辛及实现这样一件令人惊讶不已的工程的。但在公元97年的奥林匹克运动会上，当演说家狄俄·克里索斯托姆应邀在宙斯神庙发表演说时曾公开宣称，就如菲狄亚斯本人所说的那样，这件作品与其所要表现的宙斯是极为相宜不悖的。有一个流行的传说：当菲狄亚斯的一位亲戚兼合作者巴拿恩乌斯阿问到他是怎样构思出宙斯的神像时，菲狄亚斯引用了诗人荷马的史诗中的一段来回答，该段描绘了一位庄严的宙斯，他摇摇头就引起了整座奥林匹斯山的震动。狄俄·克里索斯托姆从修辞学角度解释说，这一段描绘使人联想起一切所知的宙斯的名称："父亲与国王、城市的保护者、友谊之神、祈祷人的保护者、好客之神、增产丰收的赐予者……"他说，宙斯的所有这些不同的特性都能从神像上得到体现，并且它还体现了菲狄亚斯所要表现的众神之王的各种本质特性。

公元前1世纪，著名的罗马演说家西塞罗指出，在菲狄亚斯头脑中"有着一个非常美好的宙斯的形象，以致驱使这位艺术家能创造出一个栩栩如生、和蔼可亲的众神之王的形象"。在这里，众神之王的威严表现在神像头部的各个方面，使得每一个相信自

☆ 宙斯神庙远景

己来到了宙斯身旁的人从心底里产生一种敬畏感。菲狄亚斯是怎样达到这种效果的呢?

从这座雕像建造完成起,它就被称作古代黄金雕塑时代的杰作。对雕像的保护据说是由菲狄亚斯的后代来负责的。诸多做法中有一种倾倒橄榄油的奇怪做法,按波萨尼亚斯的说法,可能是因为神庙潮湿的环境引起象牙的严重开裂,这样可起到防裂作用。到公元前2世纪中期,情况变得特别糟糕了,于是南部迈锡尼城的雕塑家达摩芬农应聘修理这尊雕像。据说他干得很漂亮,可能就在此时安放了四根圆柱在座位下面,以便撑住下面的雕像,使其不致因太重而倒塌。

大约与此同时,即在公元前167年前,塞琉古王国国王安条克四世献给宙斯神庙一块"用亚述的编织花样和腓尼基骰子装饰"的羊毛帘幕。这块源于近东的帘幕可能挂在雕像的背后,其重要性已足以使波萨尼亚斯对它作出评论了。正是这位安条克,他掠夺了耶路撒冷的所罗门神庙,并且下令将它改名为奥林匹亚的宙斯神庙。在安条克从所罗门神庙中掠夺的财宝之中,一定有一块在室内张挂的巨大幔帐。因此,断言这就是安条克献给他的奥林匹亚的众神之王的帘幕并不需要太多的想象力。

雕像一直引起那些崇拜宙斯的人们的敬畏与惊叹。它建成之后过了450多年,罗马帝国皇帝卡利古拉按照那些劫抢希腊艺术珍品的罗马征服者的习惯,渴望在罗马拥有该雕像。工匠们被派去设计运输此雕像的方案,但雕像"突然发出的大笑声震塌了脚手架,工匠们也被吓得四散而逃"。卡利古拉传记的作者苏埃托尼乌斯喜欢把他所热爱的这位皇帝的故事与仇恨交织在一起。但这座雕像却不能永久保持不受亵渎。公元391年,基督教会赢得胜利,牧师们说服罗马帝国皇帝狄奥多西一世禁止异教徒举行朝拜宙斯的仪式并关闭了神庙,奥林匹克运动会也被勒令停办,奥林匹亚的这座伟大的圣殿也被弃之不用。

这尊有800多年历史的供朝拜的雕像,最后被从神庙运送到了君士坦丁堡以装饰一所宫殿,菲狄亚斯的工作室也被一座基督教堂所取代。大约在公元425年,神庙因大火而受到严重

损害。公元6世纪，阿尔菲奥斯河改变其航道，整个奥林匹亚地区也遭到了山崩、滑坡、地震和洪水的破坏。在1000多年中，该遗址被厚厚的泥沙、碎石掩埋了。迁移到君士坦丁堡的雕像虽幸免于这些灾难，但在公元462年，君士坦丁堡广场凶猛的大火烧毁了收藏宙斯神像的宫殿。当奥林匹亚的这所圣殿由于受到冷落而毁于伯罗奔尼撒之时，这尊非凡的雕像，已知的古希腊雕刻中最伟大的作品也在博斯普鲁斯海峡岸边被毁坏了。

☆ 宙斯神庙局部特写

·知识外延·

奥运五环标志：奥运五色环标志象征着五大洲团结。其中，蓝色代表欧洲；黄色代表亚洲；黑色代表非洲；绿色代表大洋洲；红色代表美洲。而且奥林匹克运动有一系列独特而鲜明的象征性标志，如奥林匹克标志、格言以及奥运会会旗、会歌、会徽、奖牌、吉祥物等。这些标志有着丰富的文化含义，形象地体现了奥林匹克理想的价值取向和文化内涵。

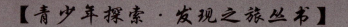

【青少年探索·发现之旅丛书】

◎ 出版策划　　膳书堂文化

◎ 责任编辑　　张保林

◎ 文稿提供　　永佳世图

◎ 封面设计　　红十月设计室

◎ 图片提供　　全景视觉

　　　　　　　图为媒

　　　　　　　上海微图网络科技有限公司